Du même auteur, aux éditions Leduc.s

Mes petites recettes magiques au citron, avec Carole Garnier, 2011.
L'huile d'olive, c'est malin, 2010.
Cette lune qui vous veut du bien, 2010.
Le citron malin, 2009.

Maquette : Nord Compo
Illustrations : Fotolia

17, rue du Regard
75006 Paris – France
E-mail : info@editionsleduc.com
ISBN : 978-2-84899-509-0

JULIE FRÉDÉRIQUE

LE MÉNAGE MALIN

LEDUC.S
EDITIONS

Un grand merci à Catherine Dupin
pour ses conseils et son aide.

Sommaire

Introduction

Êtes-vous prêt à vous arrondir les angles de la corvée de ménage ? Prêt à faire rimer malin avec radin ? Avec paresseux ? Avec écolo ? Si vous répondez oui à ces questions, vous êtes un malin en puissance, à l'affût des astuces qui ne coûtent rien, des produits d'entretien tout-en-un qui font le travail tout seuls, comme des grands de l'industrie pétrochimique, et sans douleur pour notre planète !

Ici, vous allez apprendre à ressusciter une casserole brûlée avec des épluchures de pommes de terre, à raviver des baskets blanches au dentifrice, à repousser le détartrage de votre cafetière avec une coquille d'huître, ainsi qu'une foule d'astuces pour sauver votre pull préféré d'un passage dévastateur au sèche-linge, éliminer de la peinture sur la peau sans douleur, retrouver votre alliance avec un aspirateur… Au total, plus de 300 applications futées, certaines pétries de bon sens, d'autres semblant relever de la pure magie.

Pour dépoussiérer vos connaissances en matière de panoplie parfaite, un « Top 10 » détaille le profil et les compétences des produits miracles du *Ménage malin* : de l'incontournable vinaigre blanc au savon noir, en passant par l'huile d'olive, les meilleures stratégies sont dévoilées pour les appliquer au mieux. De quoi choisir ceux que vous voulez apprivoiser.

Il vous faudra alors retrousser vos manches, car un atelier travaux pratiques va vous apprendre à confectionner vos propres produits d'entretien. En suivant les recettes au pas-à-pas, vous pourrez recréer les grands classiques du ménage, version écono-écolo (économique et doux pour l'environnement) et en profiter au quotidien : un bidon d'adoucissant pour le linge Maxidoux, un spray assainissant Purodeur, un liquide vaisselle Étincel, tous faits maison et à base de produits d'origine naturelle… ça fait du bien de se sentir durablement éco-ménagère.

CHAPITRE I

Les 10 ingrédients miracles du ménage malin

Ils nous viennent de nos grands-mères et n'ont pourtant pas pris une ride. Et s'ils se sont faits discrets un temps face aux inventions de l'industrie pétrochimique, ils paradent à nouveau aujourd'hui, se payant le luxe d'être à la fois efficaces, écologiques et économiques. Certains sont déjà chez vous, comme le citron qui, sous ses airs bonhommes d'agrume, est à la fois un redoutable détartrant, un détachant expert, un tueur de moisissures ; ou encore l'huile d'olive, qui protège les plantes des assauts des insectes et élimine les taches de peinture sur les cheveux… D'autres se trouvent à l'hypermarché ou au magasin de bricolage du coin. Tous ont été sélectionnés pour vous apporter des solutions naturelles, sans prise de tête ni prise de risque !

1. Le vinaigre blanc : superanticalcaire

Son CV

Qu'on l'appelle incolore, blanc ou cristal, il possède une puissance de destruction du tartre impressionnante. Écologique et bon marché (moins de 1 euro le litre), il brille aussi par sa polyvalence, qui lui permet de remplacer une grande partie des produits d'entretien classiques avec la même efficacité. Il constitue notamment une excellente solution de remplacement à l'eau de Javel (qui contient du chlore, nocif pour l'environnement et la santé), car lui aussi combat les bactéries. Il constitue très bien armé pour dissoudre les graisses, mais aussi pour éradiquer les mites alimentaires, entretenir les parquets cirés, assouplir le linge, adoucir l'eau, fixer et rehausser les couleurs, détruire les moisissures… Aujourd'hui, par pitié pour notre planète et notre « budget produits d'entretien », on redécouvre ses merveilleux pouvoirs. On l'utilise pur ou dilué, froid ou chaud, seul ou accompagné d'un autre produit « miracle » de notre liste, pour compléter ou/et amplifier son action.

Pourquoi lui et pas un autre ?

Le calcaire s'immisce partout chez nous : c'est lui qui enveloppe nos verres et notre vaisselle d'une brume laiteuse aux traînées douteuses ; lui qui encrasse nos bouilloires et cafetières, lui qui favorise la moisissure dans nos salles de bains, lui qui recouvre nos toilettes d'une couche granuleuse qui retient les bactéries et la crasse ; lui qui voile nos miroirs et bloque nos robinetteries.

• **Pur :** à raison d'une giclette (environ 2 cuillères à soupe) dans le lave-vaisselle avant de fermer la porte et de lancer le cycle, **1 litre de vinaigre blanc remplace 30 dosettes de rinçage !** Il assure plusieurs opérations de détartrage pour le petit électroménager, **assouplit le linge d'une dizaine de machines** (2 cuillères à soupe dans le réservoir dédié à l'assouplissant), remplace les produits très agressifs pour entretenir les canalisations… le tout pour 90 petits centimes d'euro le litre !

• **Dilué :** une solution composée d'eau et de vinaigre blanc à parts égales constitue **un antitartre antibactérien et dégraissant** capable de tout assainir dans la maison. Les murs, les portes, les meubles peints, les radiateurs électriques, l'électroménager jauni par le temps et la pollution, mais aussi les brosses à dents (trempage), à cheveux, les revêtements en daim, les éponges, les lunettes…

• **En duo :** associé à du bicarbonate de soude, le vinaigre **remplace avantageusement les produits détergents bourrés de tensioactifs synthétiques.** Et aucune mission n'est impossible pour ce duo de choc, des robinetteries encrassées aux planches à découper, en passant par les brûleurs de la cuisinière et l'intérieur du frigo. Ajouté à votre liquide-vaisselle habituel (3 cuillères à soupe directement dans le flacon), le vinaigre blanc fait un parfait détergent universel, dur avec les taches et doux avec les tissus (un must pour laver doudou et jouets).

Le conseil en + : ne craignez pas l'odeur du vinaigre, elle disparaît en quelques minutes après séchage. Si vraiment vous avez du mal avec l'odeur piquante pendant l'utilisation, versez une vingtaine de gouttes d'huile essentielle de lavande, thym, menthe… dans votre bouteille de vinaigre.

2. Le citron : expert antiseptique

Son CV

Son CV est aussi étourdissant que celui du vinaigre blanc, avec une particularité de taille : son odeur, fraîche, acidulée, qui fait briller les yeux, réveille les papilles et met du soleil dans la maison. Tueur de bactéries, 100 % biodégradable, non toxique pour l'homme et l'environnement, il assainit tout sur son passage, redonne leur brillant aux matériaux les plus divers grâce à son pouvoir anticalcaire, dégraisse, désincruste les taches de boue, réveille la blancheur du linge jauni, désodorise, parfume… le tout en un seul geste !

Pourquoi lui et pas un autre ?

Tout-en-un, il réunit un produit antiseptique et une éponge ! Car avec lui, inutile d'utiliser un chiffon, une éponge ou tout autre support de nettoyage : l'éponge, c'est son écorce et sa pulpe ! On le coupe en deux, et c'est parti pour une désinfection en règle : il glisse sur les robinets (qu'il laisse étincelants, après un rinçage à l'eau claire afin d'ôter la pulpe qui pourrait s'y déposer), se faufile entre la robinetterie et la paroi, permet un récurage ciblé des joints du carrelage de la salle de bains, parcourt l'évier en Inox dans ses moindres interstices, suit les courbes du hublot de la machine à laver… Nec plus ultra : ce tueur de bactéries redevient un agrume savoureux (et inoffensif pour les petits curieux) une fois dans le compotier.

- **Pur :** dans son plus simple appareil, le citron (ou le jus) donne toute sa **puissance antibactérienne dans les sanitaires**, on l'a vu, et il peut aussi **remplacer votre détachant avant lavage** (tamponner les grosses taches avec un tissu propre imbibé de jus). Ses acides viendront à bout de toute trace d'oxydation sur les métaux (rien à craindre, les acides naturels ne sont pas suffisamment agressifs pour endommager le support), ce qui vous **économise autant de produits spécialisés et coûteux.** Ses vertus antifongiques sont les bienvenues pour **éradiquer toute tentative de formation de moisissure dans le réfrigérateur** (tous les 15 jours, un coup d'éponge imbibée du jus de ½ citron), tout comme ses pouvoirs désodorisants (½ citron entreposé dans la porte du frigo), qui **remplacent les gels, efficaces, mais chers.**

- **En zeste : troquez vos parfums d'ambiance gorgés de phtalates** et autres aldéhydes (produits chimiques irritants) contre des beaux citrons non traités qui joueront les remplaçants avec talent. À l'aide d'un économe, prélevez le zeste du citron, mettez-le dans une petite casserole d'eau, ajoutez un sachet de sucre vanillé, un peu de poudre de cannelle et laissez chauffer ce mélange à feu très doux… Si vous craignez que la délicieuse odeur qui se répand ne vous donne faim, **entreposez tout simplement des zestes dans une coupelle** à différents endroits chez vous. Ultime : jetez-les dans le feu de la cheminée !
- **En duo :** mélangé à du sel (½ citron trempé dans du sel fin), **il s'improvise « grattounette » pour décaper les lavabos**, les bacs de douche, fait disparaître les horribles coulées grisâtres dues au calcaire qui nappent la baignoire, mais aussi les

traces de tanin laissées par le thé dans les tasses et théières. Si on lui adjoint du bicarbonate (citron et bicarbonate à parts égales), on obtient une pâte redoutable contre la moisissure qui fait faire l'**économie d'un produit pour salle de bains et d'un nettoyant pour joints** (laissez agir ½ heure et rincez) !

Le conseil en + : un citron, on en a toujours un chez soi ! Et si vous le choisissez toujours issu de l'agriculture biologique ou non traité pour cuisiner, pensez à acheter un filet de citrons lambda pour l'entretien de la maison.

3. Le savon noir : décapant universel

Son CV

Si on écoute les puristes, c'est la panacée du ménage, le nettoyant idéal ; s'il ne fallait garder qu'un seul produit miracle, ce serait lui. Cousin du savon de Marseille, il s'en différencie par sa consistance « molle » ou liquide, et sa couleur d'un brun doré qui peut tirer sur le noir. Des différences dues aux ingrédients nécessaires à leur fabrication : le savon noir est constitué principalement de potasse (le savon de Marseille, lui, embarque de la soude, résultat de son état solide : ne poussez pas des hauts cris, soude et potasse sont des éléments naturels qui permettent la saponification, autrement dit sans elles, pas de savon !) et d'un corps gras, généralement une huile végétale : d'olive, de noix, de lin, de maïs, de coco, de tournesol... Totalement biodégradable, ses champs d'action sont impressionnants grâce à sa puissance détergente : cuisine (du carrelage à la hotte en passant par les plaques de cuisson, le plan de travail, le four, la vaisselle...), salle de bains (baignoire, vitre de douche, lavabo, murs, tomettes), argenterie, meubles, parquet, tapis, vitres... rien ne lui résiste, pas même le linge, qu'il débarrasse de ses taches de gras !

Pourquoi lui et pas un autre ?

Aussi puissant que les détergents champions de la pétrochimie, il a l'avantage d'être extrêmement concentré : il prend peu de place et assure dix fois plus d'opérations de nettoyage que ses homologues, sans bavures pour l'environnement ! Et en dépit des apparences, il supporte la comparaison en ce qui concerne son prix d'achat : près de 10 euros le kilo de savon mou en pot, ça n'est pas donné… Mais rapportez ce prix à la quantité nécessaire pour nettoyer toute une salle de bains, et vous serez convaincu de faire une affaire : 1 cuillère à café suffit pour l'équivalent d'un seau d'eau !

- **Liquide :** bien qu'archi-concentré, il se dilue instantanément dans l'eau et est donc toujours prêt pour le nettoyage des sols. Dites adieu à vos produits « spécial tomettes », « spécial carrelage », « spécial lino », « spécial béton », « parquet flottant », et devenez une éco-ménagère en les remplaçant par le savon noir aux pouvoirs uniques ! Non dilué, il faut avoir la main très légère : une larme sur une éponge humide suffit pour nettoyer et assainir une gazinière encrassée, ou encore pour prédétacher une machine de linge.
- **Mou :** la version semi-solide du savon noir fait aussi bien que sa sœur liquide sur autant de supports différents (du sol au plafond en passant par les murs, les appareils électroménagers, la baignoire, l'évier, les toilettes, les tapis, les fauteuils en cuir, la vaisselle, le linge, les chaussures, les sacs en cuir, les cols de chemise, les collants…). Un peu moins instantané que le savon liquide, puisqu'il faut le laisser fondre quelques

minutes dans de l'eau bien chaude, **il coûte aussi moins cher.** Si c'est la première fois que vous entendez parler de cette perle, sachez qu'on en trouve dans tout grand magasin de bricolage, dans les boutiques de produits biologiques et de plus en plus souvent dans les supermarchés du coin.

Le conseil en + : conservez-le dans une boîte en plastique (ou son emballage d'origine), au frais et au sec (le bas du réfrigérateur fait l'affaire), de façon à ce qu'il garde son onctuosité, qu'il ne s'assèche pas.

Savon des villes ou savon des champs

Attention, il y a savon et savon ! Certains savons noirs intègrent dans leur composition de la purée d'olives noires et, parfois également, de l'huile d'olive de qualité supérieure. N'allez pas les utiliser pour l'entretien de la maison, ça serait gâché ! Ces savons sont des **produits de beauté et d'hygiène** pour le corps, ceux que les femmes d'Afrique du Nord utilisent dans les hammams, pour soigner et embellir leur peau. Un indice pour ne pas faire d'erreur, le prix sur l'étiquette : certains s'affichent à 100 euros le kilo !

4. L'alcool ménager : radical désinfectant

Son CV

Mieux connu sous le nom d'alcool à brûler, l'alcool ménager est particulièrement doué pour éradiquer les germes et bactéries sans ménagement. Au passage, il désintègre taches de gras, nicotine, encre, herbe, café, fruits, et toutes les salissures basiques aussi bien sur les vitres, les carrelages, les tissus que les matières plastique. À moins de 1 euro le litre de superdésinfectant, il a sa place dans le top 10 des meilleurs rapports qualité/prix.

Pourquoi lui et pas un autre ?

Pour son efficacité hors pair à aseptiser les revêtements modernes : claviers et écrans d'ordinateur, combiné téléphonique, interrupteurs, poignées de portes et de tiroirs, tableau de bord de la voiture et on en passe… Quand la grippe rôde, un chiffon imbibé d'alcool ménager passé sur les objets partagés par toute la famille est bienvenu et vite fait : il est si volatil qu'il n'y a pas besoin de repasser un chiffon propre derrière ! L'eau de Javel fait ça très bien, direz-vous : oui, mais l'alcool ménager sèche immédiatement et a un effet solvant qui est un vrai « plus » pour dissoudre les résidus d'adhésif et de colles (en plus, ça ne sent pas le chlore !).

- **Pur :** il est prêt à l'emploi, on débouche le flacon, on en imbibe un chiffon propre et l'huile de coude fait le reste.
- **En duo :** mélangé avec de l'huile d'olive ou du vinaigre blanc, il devient expert en taches sur le bois vernis en faisant disparaître les traces d'humidité, laissées par un fond de verre par exemple (alcool ménager et huile d'olive à parts égales), et les taches de café (1 cuillère à café d'alcool ménager, 1 cuillère à café de vinaigre blanc).

Le conseil en + : si vous l'employez comme détachant sur un tissu, testez toujours la réaction dudit tissu sur un coin caché avant de le traiter.

5. Le bicarbonate de soude : magie en poudre

Son CV

Sous ses airs de produit chimique (soude, sodium…), le bicarbonate est une poudre blanche issue d'un minéral tout ce qu'il y a de plus naturel : il n'est toxique ni pour l'environnement ni pour la santé. Concernant ses fonctions, c'est le couteau suisse de la ménagère, le génie de la maison, tant elles sont multiples : détachant express, il débouche aussi les canalisations, désodorise tout du frigo aux chaussures, fait briller tous les métaux, adoucit l'eau, rafraîchit les tapis et peut même être utilisé pour éteindre un incendie lorsque l'usage de l'eau est déconseillé, par exemple pour les feux de friture et barbecues. Une autre bonne surprise, son prix : on le trouve généralement en paquet de 250 g pour environ 1,50 euro (6 euros le kilo).

Mais l'humilité étant de bon ton dans un CV, stoppons là la liste de ses vertus encore nombreuses et que vous découvrirez au fil des astuces livrées dans ce *Ménage malin*.

Pourquoi lui et pas un autre ?

Un détergent qu'on retrouve aussi dans les ingrédients de recettes de cuisine depuis la nuit des temps est forcément magique ! C'est en effet l'un des rares produits décapants qui ne soient pas dangereux pour l'homme (l'enfant et l'animal de compagnie !) s'il est ingéré (en quantité raisonnable) : un détail qui peut faire la différence… Mais c'est évidemment son aspect multifonctions qui le rend indispensable quand on y a goûté, notamment ses formidables pouvoirs absorbants d'odeurs.

- **Pur :** vous découvrirez tous les usages de la petite poudre magique à sec à travers nos astuces, mais un de ses meilleurs rôles sous cette forme réside dans sa facilité à faire disparaître toute mauvaise odeur : une petite poignée de bicarbonate (3 cuillères à soupe) dans le fond de la poubelle avant d'installer le sac assure 8 jours de tranquillité ; idem dans le réfrigérateur : une coupelle de bicarbonate entreposée sur l'étage du milieu piégera odeurs et humidité ; dans les chaussures, le bicarbo prend des airs de talc désodorisant, sur le pelage de nos animaux familiers, il se transforme en « shampooing sec » et tapi au fond d'un cendrier, il garde pour lui les odeurs de tabac froid…
- **En duo, trio… :** dilué dans de l'eau, il élargit son champ de compétences. Remplissez par exemple un vaporisateur d'eau tiède (50 cl), versez-y 1 cuillère à café de bicarbo, secouez bien, voilà **de quoi assainir canapés en tissu, rideaux, coussin de Médor ou de Mistigri**, matelas, tentures… Ajoutez-y 5 gouttes d'huile

essentielle d'eucalyptus ou de romarin, vous obtenez un déodorant d'atmosphère doublé d'un brumisateur bactéricide! Seulement humectée, la petite poudre devient **une pâte à récurer** tous supports; additionnée de vinaigre blanc, elle mousse et **désagrège toutes les vieilles graisses incrustées**; alliée à de la terre de Sommières (à parts égales), elle avale les taches les plus résistantes... Et voyez nos recettes (p. 39, chapitre 2) pour utiliser au mieux tous ses pouvoirs.

Le conseil en + : le supermarché propose du bicarbonate alimentaire dans un paquet bleu et rien d'autre? Il convient parfaitement pour nos tâches ménagères. Le modèle vendu en pharmacie (par exemple sous la marque Gifrer) fonctionne très bien aussi : la différence ici se situe au niveau du grain de la poudre, plus fin car dédié aux soins de beauté et d'hygiène du corps.

6. Le savon de Marseille : une lessive puissance 10

Son CV

Cousin solide du « savon mou » (voir Savon noir, p. 16), le savon de Marseille est assez délicat pour laver le petit linge (et la peau de Bébé) et suffisamment armé pour nettoyer les murs, les sols et les taches les plus rebelles. Pour cela, il faut être attentif et choisir un savon de Marseille de qualité. Le nom n'ayant pas été déposé, l'appellation « Savon de Marseille » a été galvaudée et il n'est pas rare de trouver dans sa composition des graisses animales et des colorants de synthèse. Mais gardez-vous d'être trop exigeant, la règle qui veut que le savon de Marseille ne soit constitué que d'huile d'olive n'est qu'une croyance populaire, il est composé d'huile d'olive, mais aussi d'huile de coprah et de palme (ce qui lui donne une belle couleur verte) ou d'huile de coprah, de palme et d'arachide (il est alors blanc). L'important, c'est la dose : le gros cube (de 300 g à 1 kg) doit en contenir plus de 60 %.

Pourquoi lui et pas un autre ?

Il est **aussi performant que les tensioactifs synthétiques** d'aujourd'hui, sans artifice ! C'est-à-dire qu'il lave, détache, dégraisse et assainit tout dans la maison sans agression pour la planète ni pour nous. D'ailleurs, au début du XXe siècle, on l'utilisait beaucoup dans les hôpitaux pour désinfecter les plaies. Il protège les plus faibles (**peaux sensibles ou allergiques**) et ne cède rien aux plus forts (taches anciennes bien incrustées). Et comment résister à **sa bonne odeur** de propre ?

- **Pur :** frotté à sec ou humide sur un tissu taché, c'est tellement simple qu'on n'y pense pas… dommage, parce que le résultat est édifiant, que ça soit en **prédétachage** ou sur une **tache fraîche**.
- **En duo** : sous forme de paillettes ou râpé, il est parfait pour les lourdes tâches, une fois dilué dans de l'eau chaude (4 cuillères à soupe pour 4 litres d'eau) : lessivage des murs, des carrelages, plans de travail… et idéal comme base pour **confectionner sa propre lessive** (voir Lessive des familles, p. 48). On peut l'associer à du bicarbonate ou du vinaigre pour booster ses propriétés détergentes, ce qui délivre un **produit tout en un pour laver et assouplir le linge**.

Le conseil en + : si vous trouvez du savon de Marseille liquide ou en paillettes, c'est bien plus pratique pour vos préparations maison ; sinon, utilisez une râpe à fromage pour débiter votre savon.

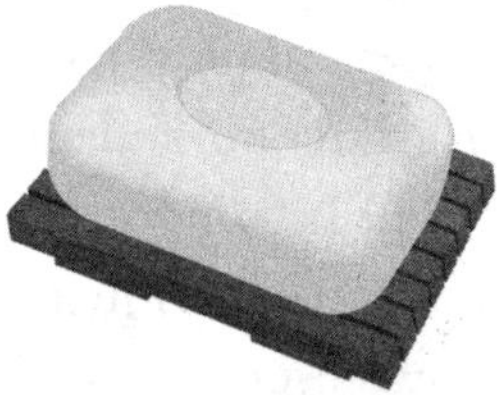

7. Le blanc d'Espagne : peinture à tout faire

Son CV

Blanc de Meudon, parfois blanc de Champagne, de Troyes, de Toulouse ou encore « pierre blanche », on connaît généralement le blanc d'Espagne dans son rôle de camoufleur de vitrine : lorsqu'une boutique est en travaux ou vide pour cause de congés annuels, la vitrine est enduite de blanc d'Espagne afin d'opacifier les vitres. Il peut se faire artiste à ses heures, lorsqu'on l'utilise pour calligraphier le menu sur la vitrine d'un restaurant ou pour dessiner le Père Noël et ses rennes en période de fêtes. Il se présente sous la forme d'une poudre blanche, constituée de particules de carbonate de calcium, le principal composant du calcaire et de la craie. Son effet légèrement abrasif renforce son pouvoir nettoyant et lustrant sur l'argenterie, les faïences, les plaques vitrocéramiques, les plastiques et les miroirs. Mais il est très polyvalent : il entre traditionnellement dans la composition de peintures, du mastic (utilisé pour fabriquer des vitraux), de certaines eaux gazeuses, sert de poudre incandescente pour les feux d'artifice et sait même blanchir les chaussures en tissu. Non toxique (à condition de ne pas en ingérer!) et sans danger pour l'environnement, le blanc d'Espagne a aussi l'avantage d'être peu coûteux (moins de 4 euros les 500 g).

Pourquoi lui et pas un autre?

Sous sa forme compacte (on l'appelle alors pierre de blanc d'Espagne), il est prêt à l'emploi et le **champion « écono-ludo-écolo »** de nos produits miracles : écono…mique, non seulement parce qu'il n'est pas cher à l'achat, on l'a dit, mais aussi parce qu'il peut durer des mois! On humecte une éponge, on la passe une fois sur la « pierre » et on obtient de quoi **nettoyer et lustrer l'évier en Inox, les plaques vitrocéramiques et les couteaux d'argenterie** dans la foulée ! Pourquoi « ludo » ? Parce que, à notre connaissance, c'est le seul **produit d'entretien à mettre entre les mains des petits** : un gant de toilette humidifié puis passé sur la fameuse pierre (ou saupoudré de blanc d'Espagne en vrac) et votre artiste en herbe peut s'exprimer librement sur les vitres… tout en les nettoyant ! Il vous faudra passer derrière avec un chiffon propre, mais c'est toujours ça de fait !

• **Dilué** : son pouvoir d'absorption est étonnamment efficace sur les taches ; comme un talc, bien que mélangé à de l'eau, il pompe **les taches de graisse sur les vêtements, les tapis, le papier peint, le crépi**… Et si vous n'avez jamais nettoyé vos vitres avec du blanc d'Espagne, vous ne savez pas ce que veut dire « étincelantes » : c'est un peu de travail musculaire pour les finitions (avec un chiffon propre), mais incomparable avec les produits du commerce !

• **En duo, trio…** : quand le bicarbonate de soude, le vinaigre blanc ou le savon de Marseille viennent épauler le blanc d'Espagne, des dizaines d'usages s'ouvrent à vous, vous en découvrirez quelques-uns dans les astuces qui suivent.

Le conseil en + : confectionnez vous-même votre blanc d'Espagne en broyant des morceaux de craie blanche. Pour obtenir une poudre très fine, tamisez-la avec un chinois afin de la débarrasser des « grumeaux ».

8. L'huile d'olive : or liquide aux 1 000 vertus

Son CV

Adulée dans le monde de la gastronomie, elle gagne à être connue dans celui du ménage malin. Pas pour ses bons gras, dans ce cas, mais pour son formidable pouvoir à nourrir les supports les plus divers tout en les protégeant des agressions extérieures : les plantes vertes lui diront merci de les **protéger contre les insectes** qui ne pourront plus s'accrocher à leurs feuilles pour les grignoter ; **meubles en bois et parquets traditionnel et moderne s'en nourriront** jusqu'à plus soif et brilleront de mille feux après son passage (huile d'olive et jus de citron ou vinaigre blanc à parts égales). Elle **imperméabilise sacs, chaussures et canapés en cuir,** décoince les fermetures Éclair, et vous débarrasse des résidus de colles, de sève et résine, de cire et autres **chewing-gums sur toutes les surfaces, y compris la peau.**

Pourquoi elle et pas une autre ?

Inutile d'aller arpenter les hypermarchés de bricolage, l'huile d'olive est là, à portée de main, dans le placard réservé aux condiments. Inutile aussi de l'enfermer à double tour comme bien des produits d'entretien modernes et toxiques pour éviter un accident domestique irréparable des plus courants ; elle est là, en libre accès, arborant sa belle couleur or, prête à se glisser dans une salade comme à vous débarrasser de la peinture qui a coulé sur vos mains et qu'une friction au white-spirit dessécherait, irriterait.

• **Pure :** émolliente, l'huile d'olive rend leur souplesse aux cuirs, et même à la terre des plantes en pot, par exemple, lorsqu'elle se resserre en une motte sèche (verser 2 cuillères à soupe à même la terre et biner avec une fourchette pour faire pénétrer). 10 gouttes sur un chiffon doux appliqué sur vos chaussures les préserveront des traces laissées par la pluie ou l'humidité en général. On l'utilise aussi pure pour éliminer les traces collantes, de la résine de pin sur n'importe quel revêtement au chewing-gum inextricablement pris dans les cheveux…

• **En duo :** pour à la fois détacher, nourrir et faire briller les meubles en bois, il suffit de lui adjoindre la même quantité de jus de citron et de bien mélanger avant d'appliquer.

Le conseil en + : inutile d'acheter une « huile d'olive vierge extra » pour vos travaux d'entretien, une qualité moindre sera tout aussi efficace. En revanche, si votre huile d'olive de cuisine a ranci, n'hésitez pas à la recycler !

9. Le sel : génie du foyer

Son CV

Il est plus fort que le **verglas et la glace, qu'il fait fondre,** et sait se faire **doux pour absorber les taches. Abrasif pour effacer** les traces laissées par le thé ou le café dans les tasses et théières, **détartrant** au service des verres étincelants, lorsqu'il remplace le « sel régénérant » du lave-vaisselle, le sel est un génie du foyer méconnu. D'un simple bain, il donne une deuxième vie à l'argenterie et **ressuscite une casserole brûlée**... Son concurrent direct pourrait être le bicarbonate, avec qui il partage le talent de désagréger le tartre et **d'étouffer les flammes trop vives** d'un barbecue, mais comme le bicarbonate, il a ses propres champs de compétence, comme **fixer les couleurs d'un tissu**, par exemple et **absorber l'humidité**.

Pourquoi lui et pas un autre ?

Encore un précieux « **produit du tiroir** » (ou plus exactement du placard) 100 % naturel, qu'on a forcément chez soi et qui sait se montrer **indispensable tant en cuisine qu'à la salle de bains.** Une pincée ici pour rehausser le goût d'une préparation culinaire, une poignée là, dans le lavabo, pour **chasser les cheveux et résidus de savon** qui, à force, encombrent les canalisations.

- **Fin ou gros ?** Les deux formes sont mises à contribution, chacune ayant ses spécialités : par exemple, on jettera 4 à 5 cuillères à soupe de gros sel dans une bassine (lavabo, évier…) pour faire tremper un jean de façon à en fixer la couleur et qu'il ne dégorge pas sur le reste du linge, mais on aura recours à une boîte de sel fin pour raviver les teintes ternies d'un tapis.
- **En duo** : combiné à du jus de citron (1 cuillère à café de sel fin pour le jus de ½ citron, il devient un destructeur de calcaire redoutable, capable de venir à bout des robinetteries les plus entartrées. En duo avec le vinaigre blanc (2 cuillères à café de vinaigre blanc et ½ cuillère à café de sel fin), il s'occupe aussi bien de décrasser les plaques de la cuisinière que d'entretenir la semelle du fer à repasser.

Le conseil en + : le jardin ou la terrasse peuvent profiter aussi de ses bienfaits, quand il se fait protecteur des plantes, en les préservant de l'invasion des limaces (au jardin, encerclez le parterre envahi avec du gros sel ; sur un balcon ou une terrasse, placez le sel contre le pourtour des pots, mais jamais en contact avec la plante).

10. La terre de Sommières : traqueuse multitâches

Son CV

Née au XIXe siècle près du village de Sommières, dans le Gard, la terre de Sommières est une argile naturelle ultrafine, le plus souvent de couleur ocre. Aujourd'hui, elle provient de carrières situées dans le bassin méditerranéen. À l'origine, on l'utilisait pour débarrasser les laines de leurs corps gras avant que les drapiers ne les travaillent, et c'est ce talent qui nous intéresse ici : imaginez une poudre **capable d'absorber 80 % de son poids en eau, et qui « pompe » littéralement toute masse de graisse à sec**, sans qu'on ne lui ajoute quoi que ce soit ! Huile, beurre, fond de teint, gasoil sont tout bonnement aspirés par la terre de Sommières et disparaissent sans laisser de traces ni d'auréole. Et cela sur une foule de matériaux, du plus délicat au plus robuste : moquette, meuble, cuir, carrelage, parquet ciré, tapis, rideaux… Miraculeux, non ?

Pourquoi elle et pas une autre ?

Un seul produit d'entretien pour venir à bout de toutes les taches de graisses, mais aussi de café, d'urine, boisson sucrée, bougie et on en oublie, ça ne se laisse pas passer ! D'autant que le mode d'emploi est enfantin et ne demande pas des efforts surhumains : on saupoudre largement la terre de Sommières sur la tache, le plus vite possible, on laisse la magie opérer 2 à 3 heures et il n'y a plus qu'à brosser (textiles) ou frotter (revêtements au sol, cuir…) pour que la tache ne soit qu'un mauvais souvenir. On s'attend forcément à devoir payer cette facilité d'une façon ou d'une autre… ça ne sera pas à l'achat, en tout cas, la terre de Sommières se trouve autour de 5 euros les 500 g.

Le conseil en + : si vous avez affaire à des taches anciennes, chauffez-les, avec un sèche-cheveux par exemple, avant de saupoudrer la terre de Sommières ; la graisse et la crasse ainsi ramollies, voire liquéfiées, seront absorbées sans difficulté.

Eau de Javel : le joker (la tornade des pros)

Que vient faire ce composé chloré caustique et toxique dans notre liste de produits naturels parfaits ? Elle vient apporter une propriété dont aucun de nos produits miracles ne peut se vanter : son pouvoir désinfectant qui tue 99 % des bactéries, virus, champignons et algues. Utilisée parcimonieusement (1 fois par semaine), elle reste l'antiseptique de choc pour les endroits incontournables que sont les toilettes. En période de grippe, elle seule apporte un assainissement en profondeur du linge de maison (qu'elle sait rendre plus blanc que blanc, grâce à son pouvoir décolorant).

Le conseil en + : choisissez-la sous forme de pastilles, pour l'entretien des toilettes, cela évite de manipuler le flacon et de risquer d'en renverser. Et si besoin, pour désinfecter un sol, jetez 1 pastille dans 1 litre d'eau froide.

Eau de Javel : mode d'emploi

- *N'en abusez pas,* préférez-lui les 10 produits miracles détaillés plus haut.

→

• *Si vous l'achetez pure*, en berlingot, par exemple, diluez-la toujours à l'eau froide dans le bidon (une fois diluée, elle peut être additionnée à de l'eau chaude pour une action plus désincrustante des sols, par exemple).

• *Prenez garde aux éclaboussures*, qui peuvent décolorer les tapis, serviettes de toilette et tous les tissus environnants (notamment les vêtements que vous portez).

• *Évitez de plonger vos mains nues dedans* et protégez vos yeux et vos poumons en procédant au nettoyage fenêtres grandes ouvertes.

• *L'eau de Javel n'est pas un détergent*, elle ne lave pas ! Avant de la laisser faire son travail de désinfection, il faut nettoyer (pensez au savon de Marseille) pour ôter la saleté.

• *Pas de zèle :* n'allez pas mélanger de l'eau de Javel avec l'un de nos produits miracles en pensant amplifier la puissance de l'un et de l'autre ; l'eau de Javel réagit à certains acides (vinaigre, produits détartrants...).

• *Liquide et en bidon*, elle se conserve au moins un an. Les berlingots ne doivent pas attendre plus de 2 à 3 mois après la date de fabrication, car alors ils ne désinfectent plus.

• *Évitez de conserver l'eau de Javel dans un contenant transparent*, la Javel craint la lumière et, surtout, bannissez les ex-bouteilles d'eau ou de boisson sucrée. Même prudence pour la Javel en pastilles : rangez la boîte en hauteur, sous clé, un accident ménager est si vite arrivé...

CHAPITRE 2

Les recettes malignes pour tout faire

Faites le ménage dans vos produits d'entretien du commerce, voici quelques recettes toutes douces pour garder votre home sweet home propre et sain. Faciles à réaliser, ces produits maison vous accompagneront au quotidien pour laver, détacher, nourrir, réparer les dégâts et tout entretenir. À malin, malin et demi, laissez-les faire le travail en profondeur.

Des couples qui ne font pas bon ménage

Ne vous improvisez pas « petit chimiste » en mélangeant des produits ménagers, certaines associations ne sont pas bienfaitrices du tout. L'eau de

→

Javel couplée avec un acide comme le vinaigre blanc ou un produit détartrant, par exemple, dégage des vapeurs toxiques.

Assainissant Purodeur

Ingrédients : *25 cl d'eau; 30 gouttes d'huile essentielle de citron (désinfecte); 10 gouttes d'huile essentielle d'eucalyptus radié (assainit les voies respiratoires).*

Procurez-vous un vaporisateur (neuf ou récupéré), versez-y les huiles essentielles et l'eau, agitez bien.

Dans la chambre, vaporisez votre assainissant Purodeur sur les draps, les rideaux, et quelques touches dans l'air; dans le salon, n'oubliez pas les coussins (pas trop près du tissu, les huiles essentielles sont puissantes et, à sec, elles pourraient le tacher). En complément, vous pouvez verser quelques gouttes de la préparation dans un diffuseur ou sur une soucoupe posée sur un radiateur. Deux problèmes, une solution : l'air est purifié et une douce odeur d'eucalyptus citronné envahit la pièce.

Assouplissant Maxidoux

Ingrédients : *50 cl de vinaigre blanc ; 1 cuillère à soupe d'huile essentielle de lavande (ou de menthe ou de rose).*

Mélangez les ingrédients dans un flacon résistant (de préférence en verre), sans oublier de confectionner une étiquette annonçant clairement la nature du contenu.

Au moment de lancer votre machine de linge, secouez la bouteille ou le bidon (à répéter systématiquement à chaque machine). Ensuite, versez ½ verre à moutarde du mélange dans le bac adoucissant de votre lave-linge.

Le vinaigre rend souplesse et fraîcheur au linge, en le débarrassant de la gangue de calcaire qui le rend rêche, redonne une blancheur

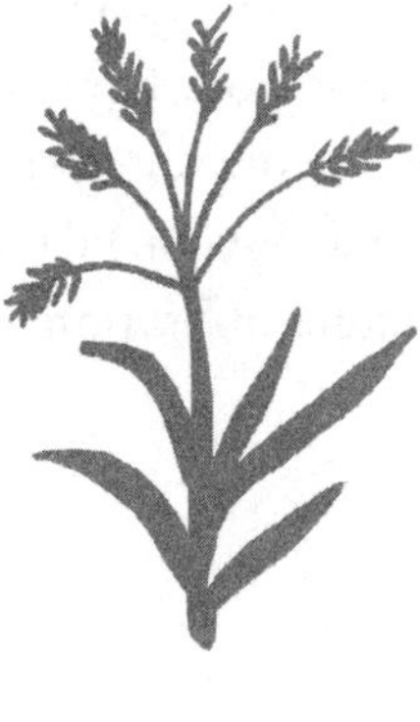

immaculée, efface les auréoles laissées par la transpiration, enlève les taches et désodorise. Son truc en plus ? Il assure une longue vie à votre lave-linge en le détartrant à chaque lavage. Votre huile essentielle préférée, de son côté, vaut mieux que tous les parfums synthétiques les plus sophistiqués !

Cirage crémeux

Ingrédients : 2 cuillères à café de crème fraîche épaisse, 2 cuillères à café d'huile de lin.

Dans un petit pot avec couvercle, mélangez bien la crème fraîche et l'huile de lin.

À l'aide d'un chiffon doux, prélevez une petite quantité de ce cirage et étalez-le sur les chaussures parfaitement dépoussiérées. Un dernier coup de chiffon pour faire briller : on se voit dedans ! Conservez votre cirage maison (qui peut aussi nourrir les sacs en cuir) dans le bas du frigo jusqu'à la prochaine utilisation.

Cire de pro

Ingrédients : 50g de cire d'abeille, 10cl d'essence de térébenthine.

Râpez la cire d'abeille à l'aide d'un économe ou d'une râpe à gros trous et mettez-la dans un pot. Déposez le pot dans une casserole d'eau chaude pour y faire fondre la cire hors du feu. Ajoutez l'essence de térébenthine et remuez pour obtenir un mélange homogène. Laissez refroidir puis fermez le pot : vous voilà armé d'une cire de pro, où la térébenthine va désincruster les taches et la cire nourrir le bois.

Prélevez une noix de cire sur un chiffon propre, puis enduisez le meuble ou objet en bois à entretenir. Laissez sécher ½ heure puis faites briller en passant un chiffon doux.

Crème à récurer universelle (ou Pâte magique)

Ingrédients : 8 cuillères à soupe de bicarbonate, 4 cuillères à soupe de jus de citron, 8 gouttes d'huile essentielle de citron.

Dans un bol, délayez le bicarbonate avec le jus de citron de façon à obtenir une pâte (pas de panique, au début ça mousse !). Ajoutez l'huile essentielle et émulsionnez bien. Transvasez la préparation dans un pot avec couvercle (un ancien pot à cosmétique, par exemple).

Déposez une noisette de crème sur une éponge humide, frottez les endroits sales. Rincez à l'eau claire pour éliminer les traces blanches que peut laisser le bicarbonate. Cette pâte vous servira à nettoyer toutes les surfaces qui méritent de l'être dans la cuisine (évier, frigo, plaques...) ou dans la salle de bains (baignoire, lavabo, robinets, vitre de douche...). À la différence des sprays, la pâte « s'accroche » aux parois de la baignoire ou de l'évier, et se maintient bien sur des joints de carrelage à nettoyer, par exemple, ce qui permet un meilleur traitement ponctuel.

Dégraissant multifonctions

Ingrédients : 1 litre d'eau chaude, 150 g de savon noir liquide ; 30 gouttes d'huile essentielle de citron.

Versez le savon noir dans l'eau chaude et remuez pour le faire fondre. Laissez refroidir puis ajoutez l'huile essentielle.

Trempez puis essorez une éponge dans le mélange avant de vous attaquer aux plaques de cuisson, au four et à toutes les surfaces graisseuses de la maison. Les plus malins transvaseront leur précieux mélange dans un flacon à pompe, ce qui leur facilitera d'autant plus la tâche qu'il n'est pas nécessaire de rincer après dégraissage.

Désinfectant essentiel

Ingrédients : *½ litre de vinaigre blanc; 15 gouttes d'huile essentielle de citron.*

Versez les ingrédients dans un flacon-spray. Secouez bien avant chaque utilisation.

Cette préparation deux-en-un nettoie (grâce au vinaigre blanc) et désinfecte (l'action antiseptique et bactéricide de l'huile essentielle de citron) toutes les surfaces.

Désodorisant WC

Ingrédients : *20 cl d'eau, 2 cuillères à soupe d'alcool à 70°, 1 cuillère à café d'huile essentielle de lavande.*

Dans un flacon-spray de 30 cl, diluez l'huile essentielle dans l'alcool, ajoutez l'eau et secouez pour bien mélanger. Vous pouvez remplacer l'huile essentielle de lavande par celles de citron, de thym, de mandarine, de pamplemousse, selon vos goûts.

46 Détachant prélavage

Ingrédients : *½ litre d'eau, 1 bouchon de savon noir liquide, 3 cuillères à soupe de bicarbonate.*

Mettez tous les ingrédients dans un flacon puis agitez pour mélanger.

Versez une noisette de cette préparation directement sur chaque tache. Laissez agir quelques minutes (idéalement 20 minutes) puis lavez en machine. Le savon noir respecte les tissus les plus délicats, mais si vous avez un doute concernant la tenue de la couleur, faites un petit test dans un recoin sur l'envers du tissu.

Détachant Rénovmoquette

***Ingrédients** : 45 cl de vinaigre blanc; 10 cuillères à soupe de Liquide-vaisselle Étincel (voir recette p. 49); 3 cuillères à soupe de bicarbonate; 10 gouttes d'huile essentielle de lavande (facultatif, c'est juste pour la bonne odeur).*

Mélangez les ingrédients dans un grand vaporisateur (ça va mousser dès que le vinaigre et le bicarbonate seront en contact).

Après avoir passé l'aspirateur, vaporisez un nuage du mélange sur la totalité de la surface à détacher. À l'aide d'un chiffon propre, insistez sur les taches en ajoutant du produit (ayez la main légère, l'efficacité ne dépend pas du taux d'humidité). Allez vous promener ! Il est en effet conseillé de ne pas marcher sur le tapis ou la moquette pendant le séchage. Et pour éviter toute mauvaise surprise, faites un petit test préalable dans un coin du revêtement à l'abri des regards…

Détartrant WC

Ingrédients : 1 verre de vinaigre blanc, 2 cuillères à soupe de savon noir, ½ verre de bicarbonate de soude, 6 gouttes d'huile essentielle de thym.

Mélangez tous les ingrédients dans un flacon-spray, agitez bien. Vous pouvez utiliser un autre contenant, mais le spray est particulièrement bien indiqué pour atteindre les recoins les plus biscornus de la cuvette.

Chaque jour, pulvérisez la cuvette, et laissez le mélange travailler pour vous. L'huile essentielle de thym n'est pas indispensable, mais ça sent tellement bon !

Lessive des familles

Ingrédients : 3 litres d'eau, 150g de savon de Marseille, 10 gouttes d'huile essentielle d'arbre à thé (facultatif).

Râpez le savon de Marseille avec un économe (ou achetez-le en copeaux). Dans un bidon de lessive vide, diluez-le avec 3 litres d'eau bouillante, secouez énergiquement pour mélanger. Ajoutez l'huile essentielle d'arbre à thé.

Avant chaque utilisation, agitez le bidon pour homogénéiser la lessive, puis versez dans le compartiment lessive du lave-linge l'équivalent d'un verre à moutarde. Cette lessive maison 100 % naturelle est un bonheur pour les sens : le linge en sort désinfecté (grâce au savon de Marseille), sentant bon le propre et doux. Avec elle, les risques d'allergie s'envolent comme les taches. Et elle est efficace même à basse température.

Liquide-vaisselle Étincel

Ingrédients : *eau tiède, 8 cuillères à soupe de savon noir liquide, 1 cuillère à soupe de bicarbonate de soude, 1 cuillère à soupe de vinaigre blanc, 20 gouttes d'huile essentielle de citron.*

Dans une bouteille de liquide-vaisselle vide et propre (500 ml), versez à l'aide d'un petit entonnoir le savon noir, le bicarbonate, le vinaigre. Ajoutez l'huile essentielle. Refermez le flacon et secouez énergiquement pour bien mélanger. Remplissez le flacon d'eau tiède et secouez à nouveau. Ce produit est très concentré, une giclée suffit pour une vaisselle de quatre personnes. N'oubliez pas d'agiter avant chaque utilisation.

Nettoyant Cuivrimpec

Ingrédients : 500 g de gros sel, ½ verre de farine, ½ verre de vinaigre de vin rouge, le jus de 1 citron, 3 blancs d'œufs.

Mélangez tous les ingrédients jusqu'à obtenir une pâte homogène. Conservez cette pâte dans une boîte hermétique et collez une étiquette affichant « Produit ménager, danger », même si vous et moi savons que notre « pâte à cuivre » ne recèle aucun ingrédient toxique.

Au moment de l'utilisation, secouez la boîte énergiquement, puis versez une noisette du nettoyant sur l'objet (casserole, chaudron, bougeoir, bracelet...) et frottez avec un chiffon. Pour les taches résistantes, grattez avec une vieille brosse à dents. Rincez à l'eau courante, essuyez et faites briller avec un chiffon doux. Cette recette est un secret de cuistot… amélioré : en restauration, pour entretenir les casseroles de cuivre, on avait coutume d'utiliser un mélange de gros sel, de farine et d'eau ; ici, le vinaigre et les blancs d'œufs amplifient l'effet décapant et le citron efface les traces.

Nettoyant Un pour tous

***Ingrédients :** eau chaude, 5 cuillères à soupe de savon de Marseille (en paillettes), 2 cuillères à soupe de jus de citron, 20 gouttes d'huile essentielle de citron.*

Dans un vaporisateur vide (500 ml), versez le savon de Marseille, le jus de citron puis l'huile essentielle. Complétez le flacon avec de l'eau chaude. Refermez-le et secouez bien.

C'est le produit tout-en-un par excellence, qu'on dégaine au quotidien pour tout assainir dans la salle de bains et la cuisine. Presque une panacée : il désinfecte, détartre, dégraisse, purifie… et laisse une bonne odeur pétillante mêlée de citron et de savon.

52 Produit à vitres Topbrille

Ingrédients : 25 cl d'eau déminéralisée, 15 cl de vinaigre blanc, 5 gouttes d'huile essentielle de citronnelle.

Dans un flacon-spray de 400 ml (autrement dit de 40 cl) versez l'eau déminéralisée et le vinaigre, mélangez puis ajoutez l'huile essentielle. Secouez bien le flacon avant chaque utilisation. Le vinaigre est intraitable avec la graisse, la nicotine et toutes les impuretés qui s'accrochent aux carreaux. L'huile essentielle de citronnelle est déodorante et antiseptique pour l'air ambiant ; cerise sur le Topbrille, la citronnelle repousse les moustiques !

CHAPITRE 3

Les applications de A à Z

Bienvenu dans votre nouveau terrain de jeu : de A comme abat-jour à Z pour zappette, vous allez découvrir les façons les plus originales et efficaces d'utiliser vos produits d'entretien miracles. Mais pas seulement : des astuces vraiment futées vont vous simplifier le ménage et même vous permettre de briller en société !

Abat-jour décoiffant

On ne pense pas toujours à nettoyer régulièrement les abat-jour, résultat : ils ont vite fait de passer pour des vieilleries poussiéreuses. Et quand on décide de les rafraîchir à coups de tissu microfibre, la poussière s'amalgame en paquets et s'accroche de plus belle en traînées noirâtres ; l'aspirateur ne fait pas mieux et même parfois pire... sauf s'il est équipé de l'option qui le fait souffler en plus d'aspirer ! On le positionne sur « soufflerie » et les poussières sont chassées sans pouvoir s'agripper. Votre aspirateur ne possède pas cette fameuse option ? Utilisez un sèche-cheveux : mettez sur position froid, puis allumez et agitez le séchoir de gauche à droite comme vous le feriez pour sécher des cheveux.

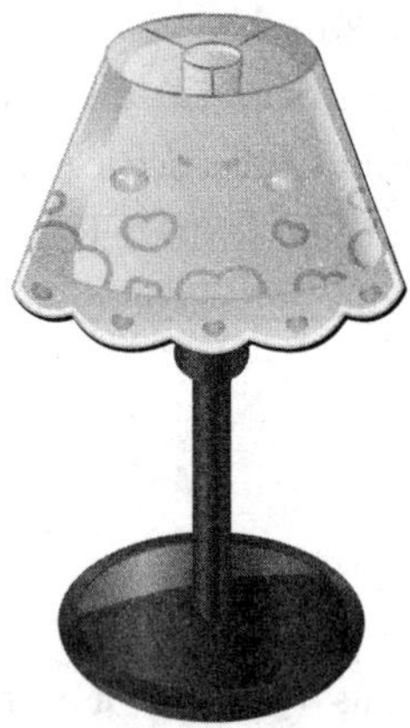

Aluminium éclatant

Pollution, nicotine, oxydation, projections de graisse dans la cuisine… les fenêtres en aluminium (et les objets) ont vite fait de se couvrir d'une couche grasse et poussiéreuse. Comment les rendre à nouveau éclatants ?

Quelle solution pour les débarrasser de leur gangue poisseuse ? Confectionnez une pâte détergente en mélangeant 10 cl de crème de tartre (produit naturel vendu en pharmacie) et 50 g de bicarbonate de soude dans un bol. Ajoutez 10 cl de vinaigre blanc (ça mousse, c'est bon signe !) et remuez jusqu'à obtenir une pâte lisse. Ajoutez 2 cuillères à soupe de savon de Marseille en paillettes et versez le tout dans un bocal en verre hermétique. Appliquez votre détergent à l'aide d'un tampon en laine d'acier fine puis rincez bien à l'eau claire. Pensez à étiqueter le bocal et conservez-le hors de portée des enfants.

Vous vous faites violence en nettoyant vos fenêtres et objets en alu tous les 15 jours pour ne pas vous laisser déborder ? Doublez la cadence, mais changez de méthode : chaque semaine, frottez-les vite fait avec une éponge imbibée de jus de citron.

Ampoules lumineuses

Une ampoule sale perd plus d'un tiers de son pouvoir éclairant! On voit moins bien, ce qui amène à allumer une lampe d'appoint et fait grimper la note d'électricité. Faites un geste pour vos économies en nettoyant vos ampoules de temps en temps. Débranchez la lampe. Imbibez un chiffon propre ou un papier essuie-tout de quelques gouttes d'alcool à brûler et passez-le doucement sur l'ampoule.

Aquarium content

Les vitres de votre aquarium ont vite fait d'être masquées par le dépôt calcaire et les algues. Entre deux « grands nettoyages », grattez les parois intérieures à l'aide d'une carte plastifiée (de crédit, bancaire, American Express acceptée...).

Araignées des foyers

Vous en avez assez des toiles d'araignées logées dans les coins de votre maison ? Ne vous résignez pas, il est simple de s'en débarrasser pacifiquement. Pour cela, il suffit d'accrocher au plafond des pièces habitées par nos amies à 8 pattes une dizaine de brins de menthe (avec du scotch, de la patafix…). Les araignées déménageront immédiatement.

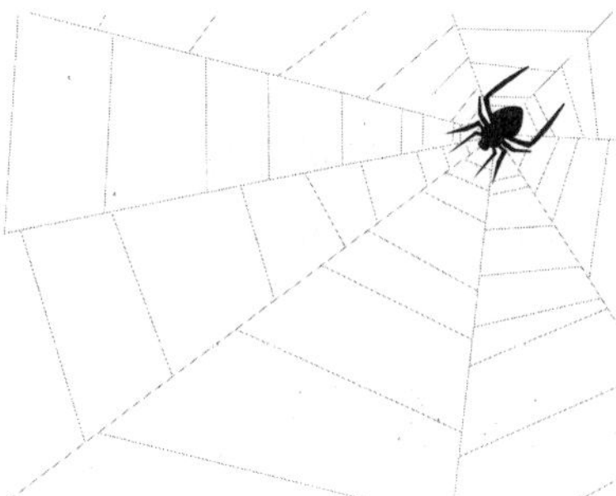

Ardoise magique

Un sol en ardoise c'est tellement beau que ça supporte mal d'être taché et terne… Voici quelques formules magiques pour conserver votre sol comme au premier jour de pose.

L'entretenir : passez un balai-brosse trempé et égoutté dans un mélange d'eau et de bicarbonate (1 litre d'eau, 3 cuillères à soupe de bicarbonate de soude). Rincez avec de l'eau légèrement vinaigrée (3 cuillères à soupe de vinaigre blanc pour 1 litre d'eau). Pour peaufiner le travail, polissez avec un chiffon propre.

Le faire briller : pas le temps de polir au chiffon ? Après avoir rincé le sol, passez une serpillière imbibée de lait.

Éliminer les taches blanches : frottez l'ardoise avec une brosse dure trempée dans une bassine d'eau chaude mélangée avec ½ cuillère à café de savon noir mou. Rincez à l'eau claire, laissez sécher et peaufinez avec un chiffon de laine.

Argenterie rafraîchie

Votre timbale de naissance, le sucrier en argent hérité de mamie Estelle, l'argenterie de votre mariage… c'est votre petit luxe perso. Mais quand vient l'heure du nettoyage, on fait moins sa maligne. À moins de connaître ces secrets de grand-mère…

Redonner la patate : laissez tremper votre argenterie et objets en argent toute une nuit dans l'eau de cuisson des pommes de terre.

Rincez ensuite à l'eau chaude et essuyez avec un chiffon doux.

Boire du petit-lait : une autre solution consiste à remplacer l'eau de cuisson des pommes de terre par du lait caillé (mélangez 1 litre de lait entier et 3 cuillères à soupe de vinaigre blanc). Laissez tremper 30 minutes, puis rincez à l'eau chaude et faites briller avec un chiffon doux.

Mettre son grain de sel : enveloppez vos couverts dans une grande feuille de papier-alu, plongez-les dans une casserole (ou un faitout) d'eau additionnée de 1 poignée de gros sel et 5 cuillères à soupe de bicarbonate. Faites chauffer et coupez le feu aux premiers bouillons. Le papier-alu ressort noir et l'argenterie argentée. Avant de procéder à cette opération, faites un essai sur la pièce la moins jolie.

Mettre la main à la pâte : si vous n'avez qu'un seul objet à briquer, frottez-le à l'aide d'une brosse à dents enduite de dentifrice. Rincez à l'eau chaude et essuyez avec un chiffon doux.

Baignoire chatoyante

Pour l'entretien courant, dégainez une fois par semaine votre Crème à récurer universelle (alias Pâte magique, recette p. 43), en insistant sur les endroits les plus entartrés. En cas d'urgence, si vous n'avez plus de crème toute prête, frottez parois et fond de la baignoire avec une éponge imbibée de vinaigre blanc chaud. Dans tous les cas, rincez à grandes eaux.

Barbecue au net

Il y a ceux qui prétendent que le feu carbonise les résidus de viande ou poisson et qu'il n'est pas nécessaire de nettoyer la grille du barbecue. Ce sont les mêmes qui ne sont pas incommodés par les relents de gambas qui se réveillent en pleine cuisson de la côte de bœuf… Et il y a ceux qui aiment que la grille soit bien nette avant une barbecue-party mais qui ne tiennent pas à passer des heures à la décaper. Si vous êtes de ceux-là, prenez une bonne poignée de papier journal et enlevez le gros des résidus et graisses brûlées. Ensuite, remplissez un évier (une baignoire, un bac…) d'eau chaude additionnée de liquide vaisselle et de 1 verre de vinaigre blanc. Laissez tremper pendant une grosse demi-heure, rincez et laissez sécher.

En matière de barbecue, la prudence absolue s'impose. Voici une solution à adopter pour toujours afin d'éviter que les flammes ne montent trop haut : mélangez 1 cuillère à café de bicarbonate à 500 ml d'eau dans un contenant en plastique muni d'un vaporisateur. Inspectez les flammes, lorsqu'elles montent un peu trop haut, vaporisez ce mélange à leur base.

Baskets fraîches

Les baskets blanches sont un déjeuner de soleil : à peine mises, elles se salissent. Et même après lavage, elles gardent grise mine et ne reprennent pas leur couleur initiale. Pour leur rendre leur blancheur immaculée, étalez du dentifrice sur une vieille brosse à dents et frottez-les énergiquement.

Bijoux précieux

En argent

Voir aussi Argenterie rafraîchie (p. 58).

Bagues, boucles d'oreilles, charms, colliers, médailles, bracelets… tous les bijoux en argent ont tendance à noircir et à se couvrir d'un voile terne qui étouffe leur éclat. Cette recette toute simple vous réconciliera sans doute avec le fastidieux nettoyage qu'ils méritent. Plongez une vieille brosse à dents dans du jus de citron et brossez soigneusement vos bijoux. Rincez ensuite abondamment à l'eau chaude et séchez-les avec une peau de chamois. Ce traitement vaut pour tout objet en argent, à vous d'adapter l'outil :

s'il s'agit d'une soupière, vous perdrez moins de temps avec une brosse à ongles.

En or

«Tout ce qui brille n'est pas or», mais tout or ne brille pas toujours... pour paraphraser le dicton. Avec le temps, il se salit et ternit, qu'il soit jaune, rose ou blanc... Un petit bain s'impose : déposez vos bijoux dans un verre rempli à moitié d'eau tiède additionnée de 1 cuillère à café de bicarbonate et 1 pincée de sel. Laissez agir 30 minutes. Aidez-vous d'une brosse à dents imprégnée d'un peu de votre mélange pour aller dans les interstices. Rincez à l'eau claire et séchez à la peau de chamois.

Bijoux fantaisie argentés

Certains bijoux fantaisie laissent des traces vert-de-gris sur la peau : ça n'est pas très joli et montre bien qu'on a affaire à de la pacotille... Redonnez-leur leurs lettres de noblesse en les nettoyant avec une brosse à dents trempée dans du jus de citron. Ensuite, passez du vernis incolore sur la partie qui déteint.

Bijoux en perles

Il n'existe pas d'astuce pour entretenir ses perles, mais si vous les chouchoutez, elles garderont longtemps leur éclat : évitez de les mélanger avec vos autres bijoux, réservez-leur un compartiment bien à elles dans votre boîte à bijoux ou au moins un petit sac à part, vous leur épargnerez les frottements. Pensez aussi à n'enfiler vos perles qu'une fois maquillée, habillée, parfumée : elles n'aiment pas trop recevoir des projections de tous ces produits. Enfin, sachez que plus vous les porterez à même la peau, plus leur éclat sera beau.

Blanchir le linge

Un petit blanchisseur pas cher à la maison, ça vous dit ? Voilà un travail pour le citron.

Pour le petit lavage à la main, ajoutez le jus de 2 citrons à 1 litre d'eau bouillante et laissez tremper.

Pour le lavage en machine, enfermez 1 citron coupé en rondelles dans un petit sac à sous-vêtements, glissez-le dans le tambour de la machine et lavez votre linge comme à l'accoutumée.

Pour un résultat immaculé, il faudrait sécher le linge au soleil, mais à ce niveau-là, on n'est pas tous logés à la même enseigne…

Blattes et cafards

Blatte, cafard, cancrelat, donnez-lui le nom que vous souhaitez, mais, de grâce, agissez vite ! Avant de leur déclarer une guerre sans merci à coups de poison, tentez votre chance au bicarbonate, réputé pour repousser ces bestioles. Ciblez les recoins obscurs, chauds et/ou humides de votre habitation et versez du bicarbonate le long des plinthes. Dégoûté, le cafard fuira au bout de quelques heures. Vieilles de 400 millions d'années, ces désagréables bêtes ne disparaîtront pas de la surface de la Terre, mais, au moins, vous laisseront tranquille.

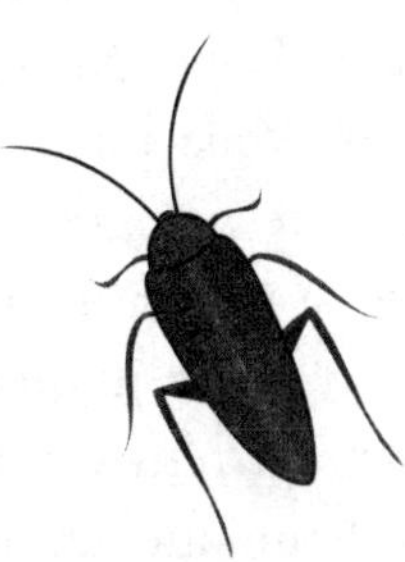

Bottes en caoutchouc élastiques

C'est la larme à l'œil de nostalgie que vous avez retrouvé vos bottes en caoutchouc d'ado… Pas si démodées que ça, d'ailleurs ; si elles n'étaient pas raides d'avoir perdu de leur élasticité, vous leur auriez bien fait reprendre du service. Tout n'est pas perdu pour leur offrir une deuxième vie : nettoyez bien les bottes à l'eau savonneuse, puis rincez-les à l'eau claire. Une fois sèches, frottez-les avec un chiffon propre imbibé de lait tiède : elles retrouveront leur élasticité et la conserveront pour de longues années.

Bouilloire électrique

On le sait, le calcaire est l'ennemi numéro 1 des bouilloires électriques. Des dépôts blancs se forment, qui finissent par envahir les résistances électriques. Voilà un travail tout trouvé pour votre partenaire vinaigre : versez dans votre bouilloire 1 verre à moutarde de vinaigre blanc et ajoutez de l'eau froide jusqu'en haut. Laissez l'expert en détartrage œuvrer une bonne heure puis mettez la bouilloire en marche. Quand l'eau bout, jetez-la (dans vos toilettes, le vinaigre chaud les désinfectera et chassera les traces de calcaire incrustées au fond de la cuvette). Lancez au moins deux cycles avec de l'eau claire, ou rincez plusieurs fois la bouilloire à l'eau froide. Pour prévenir plutôt que guérir, nos grands-mères déposaient au fond de la bouilloire la moitié d'une coquille d'huître (minutieusement nettoyée) : le calcaire vient se fixer sur la nacre de l'huître et plus sur les résistances.

Bouteille en verre recyclée

Sans goupillon, impossible d'aller décoller les résidus de vin scotchés au fond et sur les parois de cette bouteille. Dommage, votre ice-tea maison y aurait trouvé un bel écrin pour la fête de demain… À moins que… Versez 1 verre de vinaigre blanc dans la bouteille, suivi d'une poignée de gros sel. Bouchez le goulot avec la paume de votre main et secouez vigoureusement la bouteille dans tous les sens sans attendre que le sel soit dissous de façon à profiter de son effet abrasif. Ajoutez ensuite de l'eau bien chaude jusqu'en haut et laissez « agir » toute une nuit (dans un endroit bien caché, pour éviter toute déconvenue aux assoiffés). Le lendemain, rincez abondamment à l'eau froide et retournez la bouteille cul par-dessus tête pour qu'elle sèche.

Bouton sans pression

Pas vraiment couturière dans l'âme? le minimum syndical est d'arriver à changer un bouton! Deux conseils précieux pour la paix des boutons : 1) pour le découdre sans entailler le vêtement, intercalez entre le bouton et le tissu les dents d'une fourchette, coupez aux ciseaux entre les dents et le bouton. 2) une fois votre bouton cousu, consolidez le fil avec une petite goutte de vernis incolore.

Bronze redoré

Une statuette un peu ternie, par exemple, retrouvera sa belle couleur profonde avec un simple coup de chiffon imbibé de jus de citron. Il faudra ensuite la rincer à l'eau tiède puis la sécher.

En revanche, s'il s'agit de donner un vrai coup de jeunesse à la Coupe en bronze gagnée de haute lutte en 1985 avec les Amis de la pétanque, lavez-la à l'aide d'une brosse douce trempée dans un mélange d'alcool à brûler et d'eau tiède (1/5 d'alcool et 4/5 d'eau). Rincez à l'eau tiède et lustrez à la peau de chamois.

Brosses à cheveux, peignes, pinceaux à maquillage... sans fard

Grâce à cette astuce, n'attendez pas que vos peignes, brosses, pinceaux à maquillage et autres éponges à fond de teint disparaissent sous les amas de cheveux et se couvrent de crasse pour les entretenir : une fois tous les 15 jours, faites-leur prendre un bain assainissant. Mélangez 4 cuillères à soupe de bicarbonate dans 1 litre d'eau chaude, plongez-y vos ustensiles pendant 1 heure. Rincez ensuite à l'eau froide. Une fois secs, ils sont à nouveau bons pour le service, débarrassés de toute particule suspecte, comme neufs !

Brûlure de fer repassera

En pleine saison 8 de *Grey's Anatomy* sur fond de repassage, une petite odeur de brûlé monte à vos narines… Gardez votre calme et filez chercher un citron à la cuisine ; si vous agissez vite, vous avez une chance de récupérer votre vêtement. Imbibez la partie tachée de jus de citron, laissez agir 10 bonnes minutes, rincez à l'eau chaude, puis laissez sécher (au soleil c'est encore mieux).

Si cela ne suffit pas, versez dans un petit bol 1 cuillère à soupe de sel fin, 1 cuillère à soupe de vinaigre blanc et 1 cuillère à soupe de copeaux de savon de Marseille. Mélangez jusqu'à obtenir une pâte que vous étalerez en couche épaisse sur le brûlé. Laissez agir 15 minutes, puis rincez abondamment.

Cafetière fraîche

Vous l'utilisez pour les grandes occasions, le reste du temps, elle est remisée au fond du placard. Du coup, une odeur de renfermé s'installe et même de nombreux rinçages ont du mal à la chasser. Nous avons la solution : juste avant de ranger votre cafetière, placez un morceau de sucre au fond. Pensez à retirer cette sentinelle (qui absorbe l'humidité et les odeurs) au moment de faire votre café.

Cannage lifté

Le cannage de vos chaises s'est affaissé, vous pouvez facilement le retendre. Imprégnez abondamment l'envers du cannage d'eau la plus chaude possible puis faites-le sécher au contact d'une source de chaleur intense (radiateur, soleil, feu de cheminée...).

Canalisations paresseuses

C'est du sérieux : l'eau ne circule plus ; des cheveux, des résidus de savon agglomérés et même peut-être des aliments obstruent les canalisations. Mélangez 200 g de sel fin à 200 g de bicarbonate et versez le tout dans la canalisation. Ajoutez 1 verre de vinaigre blanc chaud (ça mousse, évitez de respirer au-dessus) et laissez agir toute la nuit. Le lendemain, versez 1 litre d'eau bouillante additionnée de quelques gouttes d'huile essentielle de citron. En principe, le bouchon a été balayé, tout comme les odeurs qui l'accompagnaient.

Cela vous a servi de leçon ? Alors, chaque semaine, versez 1 verre de bicarbonate dans la canalisation, suivi de 1 verre de vinaigre blanc (ça mousse, même à froid), puis faites couler l'eau chaude pendant 1 minute.

Canapé et fauteuil en cuir

Taché

Horreur malheur ! Suite à un accident de plateau-télé, une tache de gras trône sur le canapé en cuir qui fait votre fierté (et que vous n'avez pas fini de payer). Souvenez-vous, la terre de Sommières peut vous sauver (p. 35) ! Saupoudrez-en la tache, puis tapotez dessus pour la faire pénétrer. Laissez agir ½ heure. Munissez-vous d'une brosse douce (type ex-brosse pour cheveux de bébé) et éliminez les résidus de terre de Sommières qui ont dû se gorger de votre tache.

Ternis

Si vous aviez eu envie d'un canapé de teinte foncée, vous l'auriez acheté foncé... Non, vous adorez le cuir clair de votre canapé (ou de vos fauteuils), mais avec le temps, la lumière, il fonce de plus en plus. Dites stop : trempez un chiffon propre dans un blanc d'œuf que vous aurez monté en neige et passez-le sur toutes les surfaces. Peaufinez en lustrant avec un chiffon de laine.

Canapé et fauteuil en peau de pêche ou en velours

Opération nettoyage de printemps. *Mission n° 1 : éliminer les taches sans laisser d'auréoles.* Imprégnez une éponge propre d'eau gazeuse (genre Perrier, d'où l'expression « coincer la bulle ») et tamponnez les endroits tachés avec. Attendez 24 heures le temps que ça sèche. *Mission n° 2 : assainir à fond (acariens compris).* Saupoudrez la totalité du canapé ou du fauteuil de bicarbonate, laissez agir 1 heure. Enfin, éliminez la poudre à l'aspirateur puis terminez par un coup de brosse musclé.

Carafe en carafe

Vous êtes à deux doigts de regretter les 5 petits euros déboursés à la brocante du coin pour vous offrir cette carafe : le tartre l'a ensevelie au point de lui faire une seconde peau… Ne vous découragez pas, le Ménage malin veille.

Pour une carafe en verre : voir p. 67, bouteille en verre recyclée.

Pour une carafe en cristal : placez une poignée de petites pelures de pomme de terre dans le fond de la carafe. Ajoutez de l'eau tiède jusqu'au goulot et laissez agir 48 heures. Rincez consciencieusement et laissez sécher la tête en bas.

Carrelage miroir

Pour nettoyer le carrelage, le duo de choc vinaigre blanc-bicarbonate donnera le meilleur de lui-même : ½ verre de bicarbonate et 2 verres de vinaigre blanc réunis dans ½ seau d'eau chaude et votre serpillière va faire des miracles.

Pour décrasser un carrelage très sale, faites tiédir de l'eau de cuisson de pommes de terre, et frottez-en bien le sol avec un balai-brosse. Laissez agir 15 minutes et terminez par un rinçage à l'eau légèrement bicarbonatée (1 cuillère à soupe pour 2 litres d'eau). Le sol sera assaini et débarrassé de toute trace de calcaire.

Pour chasser les taches de graisse, saupoudrez-les de terre de Sommières et laissez agir ½ heure. Essuyez à l'éponge humide. Renouvelez cette opération s'il y a des rebelles.

Pour déloger les taches d'humidité, frottez-les avec de l'eau bouillante vinaigrée (1 volume de vinaigre blanc pour 6 volumes d'eau). Inutile de rincer.

Pour éliminer les marques de savon qui se forment sur les carreaux des salles de bains, faites appel à notre potion magique p. 44, Dégraissant multifonctions.

Pour décrasser les joints, saupoudrez généreusement de gros sel tout votre carrelage. Frottez avec un balai-brosse et de l'eau vinaigrée (1 volume de vinaigre blanc pour 10 volumes d'eau). Rincez à l'eau chaude.

Pour l'imperméabiliser, commencez par le laver à l'eau chaude ammoniaquée (versez 5 cuillères à soupe d'ammoniaque dans ½ seau d'eau chaude). Une fois votre sol bien sec, imbibez un chiffon propre d'huile de lin et badigeonnez-en tout votre carrelage. Laissez sécher et recommencez l'opération.

Casserole

Noircie

Pour redonner un coup de jeune à vos casseroles noircies, voici plusieurs solutions qui n'ont pas pris une ride : jetez 2 oignons coupés en 4 dans votre casserole remplie d'eau et laissez bouillir ½ heure. Ça marche aussi avec 1 citron coupé en rondelles à la place des oignons. Ou encore, frottez votre casserole avec des feuilles crues de rhubarbe ou d'oseille.

Brûlée

« Il n'y a que ceux qui ne font rien qui ne font pas de bêtises »… tout a brûlé ! Si possible sans attendre, versez 1 verre d'eau dans la casserole, ajoutez ½ verre de vinaigre blanc et 2 cuillères à soupe de bicarbonate (ça va mousser, ne vous inquiétez pas). Mélangez, laissez bouillir 10 minutes. Lavez ensuite votre casserole avec du liquide-vaisselle pour la débarrasser des scories et rincez-la bien.

Cendrier fraîcheur citron

Avis aux fumeurs : videz vos cendriers le plus souvent possible pour éviter qu'une couche de cendre s'agglomère au fond. Versez du sel fin de façon à recouvrir le fond du cendrier puis arrosez-le de quelques gouttes de jus de citron. Frottez avec une boule de papier essuie-tout puis rincez à l'eau claire.

Avis aux non-fumeurs : avant de recevoir vos amis fumeurs, versez du bicarbonate dans le fond des cendriers (une couche de 1 cm environ). L'odeur de tabac froid sera absorbée et le tout jeté à la poubelle en vidant le cendrier !

Chaînes emmêlées

Au lieu de vous débarrasser, sur un coup de tête, de vos chaînes en or ou en argent et de leur fâcheuse tendance à s'emmêler, apprenez par cœur ce truc malin pour les dénouer sans difficulté : versez un peu d'huile d'olive ou de talc sur les nœuds et démêlez-les avec une aiguille. Rincez soigneusement à l'eau savonneuse et admirez !

Chaises en paille

Pour les nettoyer, dépoussiérez-les à l'aspirateur puis frottez-les dans le sens des fibres avec une brosse dure imbibée d'eau salée (1 verre de gros sel dans un seau d'eau tiède). Ne rincez pas et laissez sécher.

Pour les blanchir, trempez une éponge dans du jus de citron pur et passez-la sur la paille. Rincez à l'eau claire et laissez sécher à l'abri du soleil.

Champagne !

Pour ce déjeuner champêtre, c'est vous qui êtes chargée des boissons. Vins de toutes les couleurs, eaux pétillantes, jus en tout genre et même café dans la Thermos, tout est prêt. Quelques astuces pour ravir toute l'assemblée d'un champagne à température idéale et de souvenirs pleins de bulles ! Quand vous préparerez votre panier, préférez les flûtes aux coupes, elles conservent au champagne son aspect pétillant plus longtemps. Sur place, pour un rafraîchissement express, installez la bouteille dans un seau rempli de glace et saupoudrez celle-ci d'une poignée de gros sel.

Enfin, après avoir rempli toutes les flûtes, si la bouteille n'est pas vide, introduisez dans le goulot la queue d'une petite cuillère. Cela permet au champagne de conserver ses bulles.

Chats domptés

Si les chats sont des animaux adorables, mignons, câlins, joueurs et attendrissants, il n'en demeure pas moins que l'odeur de leur pipi est des plus désagréables. Pas facile de s'en débarrasser !

Suivez 5 étapes : 1) Dans un verre à moutarde, mettez 2 cuillères à café de bicarbonate. Complétez aux ¾ du verre avec du vinaigre blanc (pas jusqu'en haut parce que ça va mousser). 2) Mélangez. 3) Trempez-y généreusement un chiffon propre et frottez sur les lieux du drame. 4) Rincez à l'eau claire. 5) Répétez l'opération tant que l'odeur n'a pas disparu. Et le tour est joué.

Si vous souhaitez vous attaquer aux odeurs de la litière de votre petite boule de poils, le bicarbonate est également le produit idéal. Avant de verser le sable hygiénique, pensez à mettre une légère couche de bicarbonate au fond de la caisse. Vous pouvez, si vous préférez, répandre le produit par-dessus le sable. D'une manière ou d'une autre, les odeurs disparaîtront. Cette pratique n'est, bien sûr, absolument pas dangereuse pour les chats. L'astuce fonctionne également pour les autres animaux familiers comme les oiseaux ou les gerbilles.

Répulsif

Si vous voulez écarter votre chat de certains endroits ou plantes, munissez-vous d'un vaporisateur. Mettez-y une cuillère de moutarde (forte de préférence) à laquelle vous ajouterez 50 cl d'eau. Il suffit ensuite de vaporiser les endroits ciblés. L'odorat du chat étant bien plus développé que le nôtre, la moutarde le repoussera.

Antigriffes

Vous aimez le poivre ? Eh bien votre chat, certainement pas ! Pour éviter qu'il ne fasse ses griffes n'importe où, vous n'aurez qu'à saupoudrer un peu de poivre aux endroits interdits.

Chaussettes blanchissimes

Pour redonner un coup de coup de flash aux chaussettes blanches qui jaunissent avec le temps, faites-les tremper dans un bain d'eau chaude (pas bouillante si vous tenez à vos élastiques) additionnée du jus de 1 citron.

Chaussure dans tous ses états

Chaussures en cuir

Voir Cuir bien conservé (p. 91).

Chaussures d'enfants

20 minutes : c'est le temps moyen que votre chère tête brune met à défigurer ses chaussures toutes neuves. Faites baisser son score en appliquant du vernis à ongles incolore (ou de la bonne couleur) sur le bout des chaussures neuves. Et s'il

est déjà trop tard, appliquez-en quand même, elles y gagneront en longévité.

Chaussures neuves

Vous arborez insolemment vos stylettos en cuir tout neufs… jusqu'au moment où vous vous tortillez de douleur à cause des ampoules. Pour les assouplir, frottez-en l'intérieur avec un chiffon imbibé de quelques gouttes de glycérine les 15 premiers jours, ou bourrez-les de chiffons (ou de papier journal) imbibés d'alcool à 90° quelques nuits. Et si vos voisins sont conciliants, portez vos chaussures neuves le soir, à la maison, pour les détendre (les chaussures, pas les voisins…).

Chaussures vernies

Voir Cuir rutilant (p. 92).

Chaussures en daim

Voir Daim ranimé (p. 94).

Chaussures de sport en toile blanche

Voir Baskets fraîches (p. 62).

Chiens soignés

Assainir son pelage

Un esprit sain dans un pelage sain, vous connaissez ? Rendre la vie de votre toutou plus agréable n'est pas bien compliqué. Faites bouillir ½ litre d'eau. Ajoutez dans la casserole un citron découpé en quartiers, puis laissez 2 minutes sur le feu. Attendez que la préparation tiédisse pour la filtrer et l'introduire dans un vaporisateur. Appliquez-lui sur l'ensemble du corps, son pelage n'en sera que plus sain. Vous pouvez répéter l'opération une fois par semaine.

Shampooing sec

On ne vous apprend rien, le chien déteste les bains. Alors, pour lui éviter cette corvée, vous pouvez, de temps en temps, lui faire un shampooing sec. Pour cela, rien de plus simple : saupoudrez du bicarbonate sur l'ensemble de son poil, frottez-le avec soin et enfin brossez-le. Ne vous embêtez pas, il n'est pas indispensable de retirer toute la poudre.

Mauvaise haleine

Il peut arriver que votre compagnon refoule du gosier. C'est normal. Alors, pour faire en sorte que son haleine soit plus fraîche et plus agréable, vous avez simplement besoin de lui brosser les dents avec, pour remplacer le dentifrice, du bicarbonate. Deux recommandations : n'oubliez pas de rincer abondamment et ne réutilisez pas cette brosse à dents pour vous.

Jouets, écuelles, cages et litière

Laissez tremper les jouets et autres accessoires de votre chien dans un litre d'eau chaude couplé à 3 ou 4 cuillères à soupe de bicarbonate pendant 30 minutes. Après rinçage, ceux-ci seront tout propres.

Répulsif

La cannelle est aux chiens ce que l'ail est aux vampires! Plantez simplement des bâtons de cannelle dans vos pots de fleurs et votre animal les laissera tranquilles.

Chromes nickel

Vraiment classe, votre cuisine bois/chrome, avec tous ces objets déco en alu réchauffés par le bois naturel... Mais les projections de graisse et les empreintes digitales de toute la famille ternissent votre enthousiasme. Imbibez un chiffon propre de vinaigre blanc (ça ne doit pas couler), frottez les chromes. Et pour éviter qu'ils se salissent trop vite, lustrez bien avec une peau de chamois.

Cirage sec

Vous voulez chouchouter vos belles bottes achetées une fortune l'hiver dernier. Pleine de bonnes résolutions, vous exhumez la boîte à cirage mais à l'intérieur, tout est sec ! Offrez à votre cirage le plein de vitamines en y mélangeant quelques gouttes de jus de citron chaud. Tonus assuré.

Clavier d'ordinateur

Voir Ordinateur sauvegardé (p. 135).

Cocotte-Minute clinquante

Ajoutez quelques gouttes de jus de citron à l'eau de cuisson de vos légumes et votre cocotte ne noircira plus.

Collants longue vie

En y mettant le prix fort, vous étiez pourtant persuadée de pouvoir conserver cette paire de collants plus longtemps que toutes les autres. Hélas, au bout d'une journée de vie commune, vous découvrez avec amertume que cette paire onéreuse vous laisse, elle aussi, platement tomber. Vite, une astuce pour apprendre à rendre bas et collants plus résistants ! Avant même de les porter pour la première fois, lavez-les à la main à l'eau tiède. Une fois secs, terminez le soin en les repassant à fer doux, thermostat synthétique.

Mais malgré cette astuce, ils finiront tôt ou tard par rendre l'âme. Ne les jetez pas, ils feront une éponge parfaite pour redonner à votre évier en émail tout son éclat, ou un chiffon idéal pour lustrer vos meubles en bois verni ou ciré.

Cols blancs

Certaines parties des chemises se salissent plus vite que d'autres, c'est le cas des cols qui finissent par s'orner d'une trace noirâtre difficile à éliminer d'un simple lavage. Pour les garder impeccables, humidifiez-les légèrement de vinaigre blanc avant lavage et laissez agir une heure. Passez ensuite la chemise en machine. Tant que vous y êtes, faites la même chose sur les poignets et les dessous-de-bras.

Congélateur givré

Une fois par mois procédez au grand nettoyage de votre congélateur. Commencez par le dégivrer. Cette opération doit être exécutée très rapidement pour que les aliments qu'il contient n'aient pas le temps de souffrir de leur passage au réfrigérateur. Placez des casseroles d'eau chaude dans l'appareil éteint ou dirigez l'air chaud d'un sèche-cheveux sur les parois, la glace va se décoller très rapidement. Mélangez 1 cuillère à café de savon noir liquide, 1 cuillère à soupe de bicarbonate et ½ verre d'eau. Prélevez un peu de cette pâte à l'aide d'une éponge et frottez l'intérieur de votre congélateur. Rincez avec une eau vinaigrée (1 cuillère à soupe dans un bol d'eau tiède).

Coquerelles et poissons d'argent

Si vous apercevez ces bestioles dans votre cuisine, salle de bains ou autre, optez pour une méthode radicale : dans une coupelle, mélangez du sucre brun et du bicarbonate. Tel un appât, les insectes viendront se nourrir du sucre qu'ils adorent et seront tués par le bicarbonate ingéré.

N'oubliez pas de bien aérer vos pièces. Les poissons d'argent adorent les endroits chauds et humides.

Couette regonflée

Lavage

Vous pouvez laver votre couette synthétique en machine. Pliez-la en accordéon, ajoutez 2 ou 3 balles de tennis dans la machine et procédez au lavage. Les balles répartiront la garniture et l'empêcheront de s'agglutiner.

Stockage

Si vous manquez de place pour ranger votre couette pendant l'été, glissez-la entre le matelas et le sommier.

Couteaux futés

Pas un seul couteau qui coupe dans toute votre cuisine, vous vous êtes toujours débrouillée jusqu'ici mais ça commence à devenir franchement handicapant ! Vite, vite, une astuce ! Frottez la lame des couteaux (sans dents) sur le rebord d'un pot de terre cuite brute, toujours dans le même sens.

Couverts redécouverts

Voir aussi Argenterie rafraîchie (p. 58) et Inox détox (p. 111).

Cravate qui se porte bien

La cravate est aux premières loges au moment des repas. Si vous la tachez, réagissez immédiatement en la tapotant avec un papier absorbant sans la frotter. S'il s'agit d'une tache de gras, il suffira de la saupoudrer de terre de Sommières et de laisser agir quelques minutes. Éliminez ensuite la poudre à l'aide d'une brosse douce en frottant délicatement.

Une fois la cravate détachée, nettoyez-la avec un chiffon propre imbibé d'eau savonneuse, en suivant sa longueur. Puis rincez avec un chiffon propre légèrement humidifié. Terminez l'opération avec le jet d'un fer à vapeur, façon pressing. Avant de la ranger, remplissez une bouteille d'eau chaude, enroulez la cravate autour et laissez-la ainsi quelques heures.

Cristal trop pur

Pour rendre à vos verres et vases en cristal leur éclat du premier jour, ajoutez des épluchures de pommes de terre à leur eau de lavage et laissez agir toute une nuit. Le lendemain rincez-les dans une eau légèrement vinaigrée (1 cuillère à soupe de vinaigre blanc pour 1 litre d'eau).

S'il s'agit de bibelots, nettoyez-les avec un chiffon doux imprégné d'alcool à brûler.

Crochets à ventouse

Pour faire tenir parfaitement les crochets à ventouse, il suffit de plonger la partie en contact avec le mur (ventouse) dans de l'eau salée.

Cuir bien conservé

Pour nettoyer et raviver les objets de maroquinerie (attachés-cases, sacs, chaussures, bottes, ceintures) et le mobilier en cuir, rien ne vaut un blanc d'œuf battu en neige additionné du jus de 1 citron. Étalez cette mousse à l'aide d'un chiffon propre. Lustrez avec un chiffon de laine, c'est spectaculaire.

Pour les imperméabiliser, l'huile d'olive est le produit d'entretien idéal. Imprégnez bien le cuir d'huile d'olive à l'aide d'un chiffon doux. Laissez sécher. Recommencez l'opération si la teinte n'est pas uniforme. Attendez le lendemain avant d'enduire le cuir d'un cirage, coloré ou non.

S'il s'agit de cuir verni, vous lui rendrez tout son brillant en le nettoyant avec un chiffon imbibé de lait écrémé tiède ou encore avec un oignon coupé en deux.

Cuivre rutilant

Vous possédez des casseroles en cuivre, des poignées de portes ou encore des tuyaux de plomberie… **Pour les entretenir**, vous aurez le choix, nous vous proposons plusieurs solutions :

- Vous êtes un très bon élève, vous avez déjà concocté notre recette prête à l'emploi, p. 50.
- Mélangez dans un bol moitié farine moitié vinaigre blanc, prélevez un peu de cette pâte sur un chiffon doux et frottez-en vos cuivres.
- Préparez un lait de blanc d'Espagne (1 volume de blanc d'Espagne, ½ volume d'eau). Ajoutez une larme de vinaigre. Mélangez le tout pour obtenir une texture homogène. À l'aide d'un chiffon imprégné du mélange, frottez l'objet en cuivre. Son aspect va devenir terne avec le lait

de blanc d'Espagne. Laissez sécher. Essuyez avec un chiffon sec (pensez à le secouer de temps en temps pour enlever la fine poussière afin qu'elle ne se dépose pas sur l'objet). Vous pouvez accentuer la brillance en finissant avec une peau de chamois ou un chiffon laineux sec.

- Frottez vos cuivres avec un chiffon imprégné d'eau et de cendres de cigarette puis pulvérisez un pschitt de laque pour cheveux.

S'ils sont oxydés, faites fondre un peu de gros sel dans du vinaigre blanc. Brossez les cuivres avec cette solution (utilisez une vieille brosse à dents pour nettoyer les ciselures). Une autre solution consiste à enduire vos cuivres de ketchup. Frottez et rincez aussitôt car le ketchup est acide.

S'ils sont recouverts de vert-de-gris, frottez-les avec une poignée d'oseille fraîche.

S'ils sont ternes, enduisez-les d'une fine couche d'encaustique et faites briller au chiffon de laine.

Pour vieillir vos objets en cuivre, immergez-les dans l'eau de cuisson des champignons.

Daim ranimé

Cette astuce va à la fois **nettoyer et assainir** le daim, tout en ravivant la teinte de vos chaussures, bottes et sacs en daim. Trempez une brosse dans le vinaigre blanc et brossez minutieusement le daim en insistant sur les taches. Laissez sécher sans rincer, puis frottez légèrement avec un papier de verre n° 00 spécial bois tendres.

Vous avez sali vos jolies bottes sur le chemin du bureau et pas de vinaigre sous la main ? Frottez-les avec une gomme à crayon.

Si le daim est usé et lustré, redressez ses poils en exposant la partie brillante à la vapeur d'une casserole d'eau en ébullition, puis terminez en frottant avec un papier de verre très fin.

S'il est taché de gras, tamponnez la tache avec un linge propre imbibé d'éther.

Dentelles bichonnées

Plus jeunes

Voici un truc idéal pour redonner un blanc parfait à vos dentelles un peu jaunies : après les avoir lavées, ajoutez un jus de citron à la dernière eau de rinçage et laissez-les tremper quelques minutes.

Plus vieilles

Si vous souhaitez donner à vos dentelles blanches cette nuance légèrement ocre due au temps qui passe, immergez-les dans une infusion de tilleul. S'il s'agit de dentelles noires, c'est un bain de café noir sucré qu'il faudra leur faire prendre.

Désinfecter le linge : spécial virus

Pour éviter tout risque infectieux ou contagieux par la literie, préparez un désinfectant avec 2 ml d'huile essentielle de citron et 1 ml d'huile essentielle de pin sylvestre puis utilisez comme suit : faites tremper les draps, taies d'oreiller et pyjamas dans de l'eau tiède additionnée de 10 gouttes de ce mélange pendant ½ heure. Procédez au lavage habituel en ajoutant 4 à 5 gouttes de ce désinfectant dans le bac assouplissant de votre machine à laver. S'il s'agit d'un lavage à la main, ajoutez seulement 2 gouttes du produit dans la dernière eau de rinçage.

Dorures dorées

Pour assurer brillance à vos surfaces dorées, une vieille chaussette imbibée d'huile d'olive, c'est le pied!

Draps-housses embobinés

Vous avez passé la matinée de votre dimanche à ranger la maison de fond en comble. Tout est propre, repassé et plié. Excepté les draps-housses que vous gardez toujours pour la fin car, pour vous, c'est toujours un casse-tête! Commencez par plier le drap en deux dans le sens de la longueur, puis roulez-le. En forme de boudin, le drap-housse sera tellement plus simple à ranger…

Écran total

Pour nettoyer votre écran d'ordinateur, proscrivez les produits à vitres qui attaquent sa surface fragile. Préférez un nettoyage à l'eau vinaigrée. Imbibez un tissu de coton propre d'un mélange eau et vinaigre blanc (⅔ d'eau, ⅓ de vinaigre) essorez-le parfaitement et passez-le doucement sur l'écran puis essuyez avec un chiffon sec.

Écran télé « c'est du propre ! »

Humectez légèrement un tissu de coton propre avec de l'eau froide déminéralisée. Passez délicatement le chiffon de long en large sur toute la surface de l'écran. Nettoyez le contour de l'écran avec un coton imbibé de vinaigre blanc bien essoré.

Électricité statique à décharger

Certains vêtements en fibres synthétiques sont bourrés d'électricité statique. Résultat : une sensation désagréable de picotements et les cheveux qui se dressent sur la tête, ou qui se plaquent comme un casque. Voici plusieurs solutions pour résoudre votre problème.

- Frottez le vêtement avec une savonnette sèche.
- Ajoutez dans votre sèche-linge un morceau de tissu imbibé de vinaigre blanc.
- Repassez les vêtements à problème avec un fer à la température la plus basse. Le métal de la semelle du fer conduira l'électricité statique vers la prise de terre auquel est relié le fer.

Émail diamant

Nettoyez l'émail de votre lavabo ou de votre baignoire en passant régulièrement un linge propre légèrement imbibé d'alcool à brûler.

S'il est terne et taché, frottez-le avec une éponge humide trempée dans le bicarbonate puis versez du vinaigre blanc bouillant. Laissez agir 2 heures avant de rincer à l'eau claire. On se voit dedans !

S'il a jauni, versez dans un seau un peu d'eau chaude additionnée de 1 bouchon de notre Dégraissant multifonctions (p. 44) et 2 cuillerées à soupe de cristaux de soude. Mélangez le tout et frottez l'émail à l'aide d'une éponge imbibée de la préparation. Rincez bien et essuyez avec un chiffon.

S'il est entartré, coupez un citron en deux et utilisez une moitié pour en frotter l'émail.

Éponge ressuscitée

Les éponges deviennent vite un terrain de jeu idéal pour les microbes et bactéries. Un comble, tandis qu'on les voudrait au-dessus de tout soupçon. Réveillez-les !

Si elle est synthétique, imbibez-la de jus de citron, placez-la au micro-ondes et faites-le tourner à puissance maximale pendant 30 secondes.

Si elle est naturelle, lavez-la dans l'eau de cuisson de l'oseille et n'oubliez pas de la replonger de temps en temps dans son élément naturel : l'eau salée.

Étain lumineux

Si un lavage à l'eau chaude savonneuse n'a pas suffi à nettoyer parfaitement vos objets en étain, essayez l'une des recettes suivantes, toutes aussi efficaces les unes que les autres :

- Frottez l'objet en étain avec la partie verte des poireaux.
- Lavez-le avec l'eau de cuisson des oignons.
- Frottez-le avec des feuilles de chou cru puis lustrez avec un chiffon doux.
- Nettoyez-le avec une pâte composée de blanc d'Espagne et d'huile d'olive (moitié-moitié).
- Frottez-le avec une éponge humidifiée trempée dans des cendres de bois.
- Mélangez 1 blanc d'œuf battu en neige avec 1 cuillère à soupe d'eau de Javel et frottez délicatement avec cette préparation.

Étiquettes récalcitrantes

Très jolis ces verres que vous venez d'acheter à la dernière minute pour votre réception, mais chacun arbore une étiquette et des heures de grattage se profilent… Pour les enlever facilement, frottez-les avec une éponge imbibée de vinaigre blanc chaud.

Évier ravivé

En résine

Pour réveiller votre évier en résine claire terni, frottez énergiquement sa surface avec la moitié d'un citron. Laissez agir 10 minutes puis saupoudrez les parois de sel fin. Frottez à nouveau avant de rincer.

En Inox

S'il est gras et que le tartre s'est niché dans les moindres recoins, imbibez un tissu de vinaigre blanc astiquez toute la surface en insistant sur les taches.

Pour que votre Inox soit « nickel », imprégnez un chiffon d'alcool à brûler et passez-le sur l'évier. Terminez par un rinçage et laissez sécher.

En émail ou porcelaine

Voir Émail diamant (p. 98).

Fauteuil en velours

Voir Canapé et fauteuil en peau de pêche ou en velours (p. 73).

Fer à repasser

Nettoyage de la semelle

- Saupoudrez la chair d'une moitié de citron de sel fin et frottez la semelle de votre fer froid. Rincez rapidement à l'aide d'une éponge humectée d'eau et séchez avec un chiffon doux.
- Frottez la semelle chaude avec un morceau de savon de Marseille sec. Laissez refroidir puis frottez énergiquement avec une boule de papier journal.

Détartrage

Pour lui conserver une santé de fer, une fois par mois remplissez le réservoir de votre fer éteint de vinaigre blanc pur. Branchez l'appareil en position vapeur et laissez chauffer jusqu'à évaporation complète du vinaigre. Recommencez l'opération en remplaçant le vinaigre par de l'eau déminéralisée.

Fermeture Éclair grippée

C'est bien sûr les jours où vous êtes en retard pour accompagner les enfants à l'école que survient un minuscule détail qui vous fait perdre encore plus de temps. Notamment les fermetures Éclair grippées ! Prenez un peu de savon sec, type savon de Marseille, et frottez-le sur toute la fermeture. Puis faites faire plusieurs allers et retours à la fermeture. Celle-ci ne devrait désormais plus aggraver vos retards matinaux sur le chemin de l'école.

Feutres secs seconde vie

Il pleut, c'est atelier coloriage à la maison. Le hic, c'est que seul le feutre rouge fonctionne encore à peu près, les autres sont tout secs…

Faites-en tremper les pointes dans un pot rempli de quelques gouttes de vinaigre blanc. D'ici une demi-heure, les feutres auront repris de leur couleur !

Fixateur de couleurs

Afin qu'un vêtement neuf ne se délave pas trop vite, avant son premier lavage, trempez-le toute une nuit dans une bassine d'eau et de vinaigre blanc (comptez 1 volume de vinaigre pour 5 volumes d'eau) ou d'eau tiède additionnée de 4 à 5 cuillères à soupe de gros sel. Les couleurs tiendront plus longtemps.

Fleurs coupées revitalisées

Vous adorez les fleurs coupées mais raffolez moins des fleurs fanées. La bonne nouvelle, c'est que grâce à une petite astuce, elles pourront vivre au moins deux semaines ! Mélangez dans un vase 1 litre d'eau tiède, 2 cuillères à soupe de jus de citron, 1 cuillère à soupe de sucre et 1 à 2 cuillères à café d'eau de Javel.

Four à succès

Tous les fours ne sont, hélas, pas autonettoyants et quand ils sont recouverts d'une couche de graisse cuite, c'est une vraie corvée de les nettoyer. Avant d'en arriver là, passez sur toute la surface une éponge imbibée d'eau savonneuse après chaque utilisation. Rincez puis essuyez.

Si vous n'avez pas pris cette précaution, il va vous falloir une solution plus radicale. Confectionnez une pâte de bicarbonate en mélangeant 1 volume d'eau à 3 volumes de bicarbonate. Appliquez-la à l'aide d'une éponge sur les parois du four et laissez agir quelques heures ou, mieux, toute une nuit. Rincez avec une éponge humidifiée d'eau chaude.

Four micro-ondes maxi-propre

Pour nettoyer rapidement l'intérieur d'un micro-ondes et le désodoriser en même temps, il suffit d'y placer un bol rempli du jus de 1 citron et d'eau puis de faire tourner l'appareil à pleine puissance. La vapeur d'eau ainsi dégagée se répandra dans le micro-ondes. Il ne vous restera plus qu'à patienter une dizaine de minutes avant d'ôter le bol et passer un petit coup d'éponge sur les parois intérieures de l'appareil. Voilà ! Vous avez un four tout propre et qui sent bon !

Fourmis congédiées

Lorsque les fourmis élisent domicile chez vous, il existe plusieurs méthodes pour les déloger.

Vous pouvez placer des pelures de citrons déjà utilisés, non seulement sur leur passage mais aussi devant les portes et fenêtres. Les fourmis seront repoussées par l'huile essentielle de citron contenue dans l'écorce.

Autre bon répulsif pour les fourmis : le marc de café. Jetez-en à différents endroits autour de la maison.

Aussi bizarre que cela puisse paraître, vous avez également la possibilité de répandre, là où les fourmis ont élu domicile, la poudre d'une craie blanche grattée.

Une potion magique permet de repousser ces petits insectes sociaux : mélangez 60 g de piment de Cayenne en poudre, 60 g d'ail en poudre et 60 g d'aneth en poudre. Déposez le résultat dans les endroits stratégiques de passage des fourmis.

Un simple pot de basilic, d'œillets d'Inde, de menthe ou de lavande pourrait aussi faire l'affaire, toujours sur le lieu de passage. Face à ces plantes, les fourmis fuient immédiatement.

Enfin, vous pouvez également dégainer votre vaporisateur et semer du vinaigre blanc sur les routes qu'elles empruntent. Opération à renouveler une fois par semaine.

Friteuse électrique light

Les conseils suivants vous permettront de dégraisser efficacement votre friteuse électrique.

Videz la friteuse débranchée de son huile et remplissez-la de vinaigre blanc. Faites fonctionner l'appareil jusqu'à ébullition du vinaigre puis videz la friteuse. Passez un coup d'essuie-tout sur les parois puis une éponge imbibée d'eau chaude savonneuse. Rincez soigneusement et séchez.

Vous pouvez aussi saupoudrer les parois de l'appareil de farine qui absorbera le gras. Laissez agir 10 minutes avant d'essuyer la farine avec un papier essuie-tout. Passez un coup d'éponge imbibée d'eau chaude savonneuse. Rincez soigneusement et séchez.

Gants en caoutchouc

Imperméables

Si vous utilisez des gants en caoutchouc pour protéger vos mains, vous savez à quel point c'est désagréable quand l'eau s'infiltre à l'intérieur. Pour que ça n'arrive plus, enfilez un élastique sur le gant autour de votre poignet, comme un bracelet.

Talqués

Pour rafraîchir vos gants qui à la longue s'imprègnent d'une odeur d'humidité, saupoudrez l'intérieur de bicarbonate après chaque utilisation. En plus, ainsi talqués, vous les enfilerez sans peine.

Grincements du lit en sommeil

Lassée d'être obligée d'avoir recours aux boules Quiès pour supporter les grincements de votre lit à chaque mouvement de votre conjoint? Saupoudrez un peu de talc entre les jointures et faites vos adieux dans la joie et l'allégresse aux insomnies!

Guêpes, frelons, moustiques...

Il n'y a pas 50 solutions pour éviter d'être enquiquiné par leurs bzzz bzzz et craindre la piqûre. La méthode reconnue comme efficace depuis la nuit des temps est ce fameux piège transparent (une bouteille en plastique par exemple), suspendu, troué en bas et contenant quelques centilitres d'eau très sucrée, de soda ou même de bière. L'insecte volant, attiré, entrera et ne pourra ressortir.

Cette solution a plusieurs avantages : elle est propre, saine, écologique et, surtout, si elle piège aussi nombre de mouches, n'attire pas du tout nos amis les abeilles qu'il faut s'atteler à protéger.

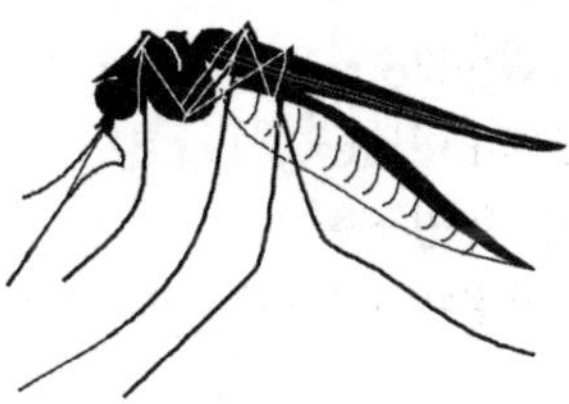

À noter que ce piège doit être vidé et rincé environ une fois par semaine. Par ailleurs, ne soyez pas impatient, l'efficacité d'une fabrication neuve se fait sentir au bout de deux ou trois jours.

Hotte aspirante second souffle

La hotte est en première ligne des projections grasses… Dégraissez-la régulièrement à l'aide d'une éponge humide imbibée de savon noir liquide. Rincez à l'eau chaude puis effectuez un nouveau rinçage au vinaigre blanc, ce dernier empêchera les graisses de s'incruster à nouveau. *(Voir aussi notre recette de Dégraissant multifonctions, p. 44.)*

Housse de couette pirouette

Lavez et repassez votre housse de couette à l'envers. Vous la remettrez à l'endroit en la retournant sur votre couette.

Inox détox

Voir aussi Évier ravivé (p. 101).
Si l'Inox ne s'oxyde pas, il se ternit tout de même au fil du temps. Pour nettoyer et faire briller vos ustensiles en Inox, préparez une pâte en mélangeant 1 cuillère à soupe de jus de citron et 3 cuillères à soupe de bicarbonate. Passez ce nettoyant sur l'Inox avec un chiffon doux et frottez. Rincez soigneusement à l'eau claire.

Insectes volants identifiés

Si vous ne parvenez pas à dire adieu aux insectes volants qui, quoi que vous fassiez, reviennent vous rendre visite, cette solution est non seulement efficace, mais aussi décorative et odorante : prenez un citron et plantez-y une bonne cinquantaine de clous de girofle. Posez-le ensuite simplement sur une assiette. À moins que vous préfériez le suspendre à un plafonnier…

Insert de cheminée fumé

Rien de plus agréable que d'admirer le feu crépiter derrière la vitre de protection de votre insert. Mais quand on ne voit plus les flammes lécher les bûches, le plaisir n'y est plus. Pour nettoyer la vitre, une écorce de citron déjà pressé suffit. Frottez l'intérieur du citron contre la vitre sale, l'acidité décolle la suie. Laissez agir 1 minute. Repassez le citron sur la vitre, il emportera les excès de suie. Pour vous débarrasser des restes éventuellement présents sur la vitre, utilisez une feuille de papier journal qui servira à allumer votre prochain feu !

Ivoire clair

Un ivoire jauni par le temps a beaucoup de charme pour certains, mais d'autres les préfèrent bien blancs. Pour blanchir les ivoires et les objets en os, frottez-les avec un citron coupé en deux et préalablement plongé dans du sel fin. Puis rincez et essuyez. Offrez-leur régulièrement ce soin, ils ne terniront plus.

Joints d'étanchéité pasteurisés

Pour sauver les joints du réfrigérateur, de l'évier, de la douche, de la baignoire... recouverts de taches brunes (qui ne sont autres que des moisissures), la solution idéale c'est l'eau de Javel qui tue radicalement les micro-organismes ou, moins agressif, l'ammoniaque. Appliquez l'un ou l'autre à l'éponge, laissez agir quelques minutes et rincez à l'eau froide.

Jouets douceur

Jouets, hochets et même précieux doudou sont des nids à microbes qu'on ne peut pas confier aux détergents toxiques, les petits portant tout à la bouche. Faites couler de l'eau chaude dans la baignoire, ajoutez 1 verre de savon de Marseille en paillettes et 1 verre de vinaigre blanc. Laissez les jouets barboter une petite demi-heure puis rincez soigneusement.

Laiton vif-argent

Le laiton s'entretient comme le cuivre *(voir aussi Cuivre rutilant, p. 92).*

Un objet en laiton qui ne brille plus, ce n'est pas très joli. Alors, pour qu'il garde tout son brillant, frottez-le avec un linge imbibé d'un mélange à parts égales de sel et de jus de citron. Ne rincez pas, lustrez avec un chiffon doux et frottez le laiton avec la pâte obtenue.

Lavabo beau

Voir aussi Baignoire chatoyante (p. 60).

Qui n'est jamais sorti épuisé d'une séance de lavage de lavabo, à gratter de toutes ses forces ? Il vous suffit pourtant de frotter les lavabos entartrés avec des rondelles de citron salées. Vous verrez disparaître les traces de coulures de calcaire.

Lave-linge autonettoyant

Le calcaire qui s'accumule dans un lave-linge peut lui être fatal. Alors, pour rénover la machine, la décrasser et enlever le calcaire qui grignote les tuyaux, versez simplement ½ litre de vinaigre blanc dans le compartiment lessive de votre machine et ½ litre dans le compartiment adoucissant. Procédez à un cycle de lavage à vide.

Lave-vaisselle lavé

Il existe une solution toute simple pour qu'un lave-vaisselle conserve son efficacité des premiers jours. Une fois par mois, entre deux lavages, versez dans le compartiment lessive de la machine un mélange de 2 cuillères à soupe de bicarbonate et 1 cuillère à soupe de jus de citron. Puis faites tourner votre lave-vaisselle à vide pour un cycle. Et entre deux nettoyages, ajoutez de temps en temps, le jus de ½ citron ou 1 verre de vinaigre blanc directement dans la cuve avant de lancer la vaisselle. Vos couverts et vos verres seront éclatants.

Linge domestiqué

Sale. Voici une astuce à double efficacité : disparition des odeurs et lavage optimal ! Au fur et à mesure que le linge sale s'accumule dans le panier, saupoudrez-le légèrement avec du bicarbonate : une couche de linge, une couche de bicarbonate. Au moment du lavage, inutile d'ôter la poudre, elle renforcera l'action de votre lessive. Petit plus non négligeable, votre panier de linge ne sera plus le rendez-vous des mauvaises odeurs.

Fragile. Pour laver et essorer du linge délicat en machine (lingerie, foulards…), enfermez-le dans une taie d'oreiller usagée et lancez le programme « délicat ». Le tout ressort impeccable. Cette astuce vous permettra également de retrouver les chaussettes par paires !

Lino reVigoré

Le problème du lino, c'est qu'il se salit extrêmement vite. Pour lui faire retrouver une propreté éclatante et durable, nettoyez-le avec ce mélange. Versez 1 verre de savon de Marseille en paillettes et 1 verre de bicarbonate dans un seau rempli de

5 litres d'eau bouillante. Attendez que le savon soit dissous, ajoutez 20 gouttes d'huile essentielle de lavandin et mélangez bien.

Si entre deux lavages vous constatez des traces noires laissées par les chaussures, frottez-les avec une gomme à crayon puis passez un coup d'éponge humide.

Literie en plumes au poil

Voir aussi Couette regonflée (p. 88).

Couettes, oreillers et édredons laissent parfois s'échapper des plumes. Vous savez, celles qui vous piquent. Pour les garder prisonnières, frottez l'envers de la housse de couette ou de la taie d'oreiller avec du savon de Marseille très sec.

Livres chéris

A priori, les livres rangés dans votre bibliothèque ne sont pas destinés à être utilisés chaque jour. Et pourtant, il est hors de question de vous en séparer.

Lorsque les tranches de ces livres sont grises et poussiéreuses ou même parfois tachées de souillures laissées par les mouches, voici comment vous devrez vous y prendre **pour les nettoyer**. Pressez le livre entre deux petites planches à l'aide d'un étau. Brossez la tranche principale, celles du haut et du bas du livre avec une brosse douce puis passez délicatement un coton imbibé d'alcool à brûler. Essuyez avec un coton sec et laissez sécher le livre avant de le libérer.

Pour les protéger des poissons d'argent (insectes) friands de vos ouvrages, placez sur l'un des rayonnages de votre bibliothèque une coupelle remplie d'huile essentielle de thym que vous renouvellerez quand elle sera évaporée. En plus, ça sent bon !

Les livres qui séjournent dans les maisons humides gardent des **pages collées. Pour les détacher sans les déchirer**, placez le livre dans le four à peine chaud (thermostat 3) pendant 30 minutes. Les feuilles se décolleront facilement.

Pour entretenir un livre en cuir frottez sa couverture avec une solution composée de 1 cuillère à café de vinaigre blanc et d'un blanc d'œuf battu en neige. Faites briller avec un chiffon doux non pelucheux.

Pour protéger votre livre de cuisine des projections quand vous préparez une recette, glissez-le ouvert dans un sac en plastique transparent.

Lunettes nettes

Ah les lunettes… la moindre mauvaise manipulation y laisse de gênantes traces de doigts. **Lavez sans risque vos lunettes** dans de l'eau savonneuse puis essuyez-les avec une feuille de papier absorbant.

Autre astuce intéressante : **afin d'empêcher la buée** de se former sur vos verres, frottez les deux faces avec un morceau de savon bien sec puis essuyez avec un chiffon doux.

Enfin, sachez que **les branches de vos lunettes ne se détacheront pas** si vous déposez une goutte de vernis à ongles transparent sur les vis qui les retiennent.

Marbre ressuscité

Dimanche dernier, vous avez eu un vrai coup de cœur pour cette table de bistrot en marbre. Mais l'emballement vous a rendu aveugle, car maintenant que cette nouvelle acquisition trône dans votre salle à manger, vous la découvrez telle qu'elle est : fatiguée, un peu ternie et ornée de petites taches en tout genre… Ne regrettez surtout pas votre achat, le remède miracle existe !

Pour lui rendre tout son éclat, armez-vous d'une éponge imbibée de sel et de ½ jus de citron et frottez doucement, mais sûrement, ces vilaines taches de café et de thé. Passez ensuite un chiffon doux imprégné de glycérine ou d'huile de lin. Rincez sans tarder car l'acidité du citron risquerait de faire blanchir le marbre. Une opération citron à renouveler régulièrement pour assurer le bon entretien de votre table et lui conserver tout son éclat.

Vous pensez vraiment que vous ne viendrez jamais à bout de ces **taches grasses et tenaces** ? Pour les éliminer, essayez donc la recette suivante : mélangez dans une cuillère à soupe de liquide vaisselle une à deux gouttes d'ammoniaque. Versez-en quelques gouttes sur la tache et laissez agir, le temps de sécher. Puis rincez abondamment.

Vous cherchez une astuce pour **protéger le marbre des rayures**? Enduisez-le régulièrement de cire incolore, il vous remerciera!

Matelas regonflé

Vous avez invité un couple d'amis dans votre maison de campagne pour le week-end. Tout est (presque) prêt, excepté la préparation des lits. C'est alors que vous découvrez avec stupeur que le matelas de la chambre bleue n'est pas impeccable. Fort heureusement, il est encore temps de s'attaquer à ces taches et à ces auréoles fort malvenues.

Pour faire disparaître **les traces d'urine**, frottez la tache avec une éponge imbibée d'un peu de vinaigre et il n'y paraîtra plus!

Vous éliminerez **auréoles, moisissures, mais aussi acariens et mauvaises odeurs** en frottant le matelas avec un gant de toilette imbibé d'eau tiède et d'un peu de savon noir et si vous le pouvez, offrez-lui un bain de soleil, idéal pour retrouver fraîcheur et unicité du teint!

Enfin, quand vous passez l'aspirateur, n'oubliez pas les matelas : un nettoyage hebdomadaire vous débarrassera de la poussière et des acariens.

Petit rappel qui a son importance : un matelas se renouvelle tous les dix ans.

122 Métaux matés

Voir aussi Aluminium éclatant (p. 55), Argenterie rafraîchie (p. 58), Bronze redoré (p. 68), Chromes nickel (p. 85), Cuivre rutilant (p. 92), Étain lumineux (p. 100), Inox détox (p. 111), Laiton (p. 114).

Votre chaîne en or préférée fait grise mine et vous voilà déjà prête à vous résigner à la cacher dans votre boîte à bijoux. La bonne nouvelle c'est qu'il existe une solution toute simple pour lui **redonner un coup d'éclat** ainsi qu'à tous les objets en métaux (argent, mais aussi chrome, cuivre...) que vous possédez. Alors, voici la formule magique à retenir par cœur. Concoctez une pâte constituée de 1 cuillère à soupe de farine, 1 cuillère à soupe de bicarbonate et 1 cuillère de jus de citron. Imbibez une éponge de cette mixture et frottez les métaux à revigorer. Rincez abondamment avant de sécher.

Si vos objets métalliques sont recouverts de rouille (comme c'est bien souvent le cas avec l'usure du temps), offrez-leur des bains de jus de citron et d'huile d'olive (moitié-moitié), ils retrouveront leur éclat naturel.

Le lait de blanc d'Espagne (1 volume de blanc d'Espagne, ½ volume d'eau) est tout indiqué pour **nettoyer l'étain et l'Inox.** Humectez-en une éponge et frottez l'objet. Quand il est sec, essuyez-le avec une peau de chamois.

Quant aux **taches d'œuf**, quelques gouttes de jus de citron en viendront définitivement à bout.

Meubles de jardin fanés

C'est enfin l'été ! Il est grand temps d'aérer la maison de vacances et de sortir les transats, la grande table en teck, les chaises en bois, etc. Alors, pour vous éviter de mauvaises surprises à chaque début de vacances (meubles moisis, jaunis, voire bons à jeter et à remplacer), voici les règles d'or à connaître. Et à appliquer !

À chaque matière son nettoyage adapté. Suivez le guide !

... en plastique

Nettoyez les meubles en plastique avec une éponge imbibée d'eau de Javel et d'eau savonneuse (3 bouchons d'eau de Javel pour 1 litre d'eau). Laissez sécher puis frottez et rincez abondamment.

... en PVC

Faites briller vos meubles en PVC en les cirant avec de la cire pour voitures.

... en teck

Nettoyez vos meubles en teck avec une éponge humide. Laissez sécher puis poncez au papier de verre. Envie de leur offrir un lifting naturel ? Encaustiquez-les à l'aide d'un pinceau de soie.

... en textylène

Utilisez de l'eau savonneuse pour laver vos meubles en textylène. S'ils sont très sales, vous pouvez aussi ajouter 1 verre d'alcool à brûler dans ½ seau d'eau chaude.

... en bois

La meilleure amie de vos meubles en bois c'est notre Cire de pro (voir p. 43). Mais l'huile d'olive est pas mal non plus ! Ultra-nourrissante, elle les fait briller mais a, aussi, l'excellente idée de faire disparaître les taches. Mélangez 5 cuillères à soupe de vinaigre blanc et 5 cuillères à soupe d'huile d'olive et enduisez vos meubles en bois de cette mixture. Ils seront nourris et brillants.

Le citron est également l'allié de vos meubles en bois. Dans un bol, mélangez 5 gouttes d'huile essentielle de citron, le jus de 1 citron et 1 cuillère à café d'huile d'olive. Plongez un chiffon dans le bol et frottez votre meuble avec. Polissez ensuite avec un chiffon en laine afin que le meuble reprenne sa brillance d'origine. À répéter au moins une fois par mois.

Pour polir les égratignures, déposez du marc de café sur une éponge humide et frottez délicatement en petits cercles les fines égratignures pour les polir.

... en chêne

Pour faire briller vos meubles en chêne, offrez-leur un masque-maison : 5 cuillères à soupe d'huile d'olive et 1 cuillère à café de vinaigre blanc. Laissez poser 15 minutes puis frottez délicatement la surface à traiter, essuyez et faites briller avec un chiffon sec.

... en formica

Pour vos meubles en formica, la formule « brillance » est la suivante : mélangez 3 verres d'eau tiède, 1 verre de vinaigre blanc, 1 cuillère à soupe d'huile d'olive et 1 cuillère à soupe de savon liquide. Frottez les meubles avec une éponge imbibée de cette préparation et essuyez avec un chiffon propre.

... en osier

Pour entretenir vos meubles en osier, préparez le mélange suivant : 2 cuillères à café de bicarbonate de soude et 1 litre d'eau tiède. Puis à l'aide d'une brosse que vous plongez dedans, frottez vos meubles. Laissez sécher au soleil.

… peints, vernis ou cirés

¼ d'huile d'olive, ¼ de jus de citron, ¼ d'alcool à brûler et ¼ d'essence de térébenthine, tels sont les ingrédients dont vous avez besoin pour prendre soin de vos meubles peints, vernis ou cirés et faire disparaître les taches les plus incrustées. Imbibez un chiffon de ce liquide et frottez les taches. Laissez sécher et faites briller avec un chiffon sec. Bon à savoir : cette mixture se conserve !

… en paille

Voir Chaises en paille (p. 78).

Miroir mon beau miroir

Traces de doigts, voire de dentifrice, vos miroirs sont loin d'être impeccables. La recette de grand-mère pour que votre reflet brille de mille feux ? Une pomme de terre crue, épluchée, dont vous frotterez les taches ! Fignolez votre travail en frottant le miroir avec un papier journal roulé en boule.

Mites au logis

Beaucoup de mythes entourent les mites et surtout les manières de s'en débarrasser *ad vitam aeternam*. Pourtant, il existe un produit entièrement naturel et écolo que vous pouvez placer dans vos armoires : il s'agit du savon d'Alep, d'origine syrienne, fabriqué à base de soude, d'huile d'olive et surtout d'huile de baies de laurier. En plaçant des tranches dans vos armoires, c'est l'odeur de cette huile de baies de laurier qui fera déguerpir les mites. Ainsi, vous vous évitez les classiques produits toxiques. Adieu les mites !

Autre solution à envisager, déposez des clous de girofle un peu partout avec votre linge rangé dans le placard. N'hésitez pas à en disperser jusque dans les poches de vestes et les piles de pulls.

Enfin, une méthode parfois privilégiée car non odorante sur les vêtements : déposez dans le linge des boules de bois de cèdre. Tout simplement.

Mixeur-plongeur

Accro aux soupes et aux compotes, votre gourmandise vous rendrait presque l'hiver sympathique. Et le mixeur-plongeur fait votre bonheur ! Seul hic : le temps que vous perdez à gratter l'hélice à l'éponge pour retirer toutes les saletés incrustées. La bonne nouvelle, c'est qu'il existe une solution très simple à ce trouble-fête qui tombe à l'heure de la vaisselle. Juste après avoir utilisé votre mixeur, plongez son pied dans une casserole d'eau chaude additionnée de 1 cuillère à soupe de vinaigre blanc et mixez 3 à 4 fois. Rincez, c'est propre !

Moquette et tapis

Catastrophe ! Votre fils de 3 ans vient de renverser toute son assiette de spaghettis bolognaise sur le tapis du salon. Bien sûr, il ne l'a pas fait exprès, tout comme il y a deux jours, lorsqu'il a dessiné un beau camion au feutre rouge sur le tapis de l'entrée. Au lieu de vous transformer en maman monstre (ce qui n'empêchera pas votre fils de continuer à redécorer le sol de votre appartement !), dégainez votre Détachant

Rénovmoquette (p. 47) ou apprenez les trucs et astuces à appliquer pour conserver une moquette et un tapis immaculés.

Pour faire disparaître la tache qui défigure votre moquette, laissez-la sécher avant de vaporiser une noisette de mousse à raser dessus. Au bout de quelques minutes, essuyez avec un torchon humide.

Vous pouvez également utiliser de l'eau gazeuse : versez-en sur la tache, les bulles font remonter la saleté.

Pour l'entretien de votre moquette, la règle d'or est de passer l'aspirateur au minimum deux fois par semaine. À l'heure du grand nettoyage, munissez-vous d'une brosse pour retirer toutes les saletés que vous rencontrez. Puis, recouvrez la surface de la moquette d'un peu de bicarbonate de soude et laissez sécher une trentaine de minutes. Finissez en passant l'aspirateur.

Mouches à moucher

Ah, les mouches… ce qu'elles peuvent nous agacer ! Alors certes, vous pouvez entrer dans la peau d'un serial killer pour ne plus entendre ce satané

« bzzz » dans vos oreilles, mais vous pensez bien qu'il existe d'autres astuces pour les écarter.

On peut d'abord la jouer méthode douce : 1 cuillère à café de vinaigre de cidre mélangée avec 1 cuillère à café de savon de Marseille liquide, le tout dans une soucoupe. Les mouches s'éloigneront.

On peut aussi sortir la grosse artillerie naturelle, avec l'huile essentielle de lavande. Il suffit d'en diluer 10 gouttes dans un pulvérisateur rempli de 20 cl d'eau et d'en éparpiller le long des fenêtres et des portes. S'il vous reste du produit, profitez-en pour nettoyer votre plan de travail. La lavande est un excellent désinfectant.

Moulin à café acéré

Eh bien oui, en matière de café, vous êtes une puriste ! À l'heure où tout le monde ne jure que par les machines à dosettes, vous restez attachée au café qu'on moud soi-même… Nostalgie, d'accord, mais à condition d'affûter les lames de votre appareil de temps en temps. Remplissez-le de pain dur émietté, actionnez la machine, retirez le pain et nettoyez. Donnez à votre moulin du café à moudre et respirez ce délicieux parfum !

Moustiques attaque

Deux bonnes idées simples pour éviter la présence de moustiques. Sachez d'abord que ces insectes détestent l'odeur du basilic. Installez donc des pots sur le bord de vos fenêtres. Ou encore, à l'aide d'un coton, déposez un peu d'huile essentielle de citronnelle ou de géranium sur les ampoules éteintes de vos lampes. Quand vous les allumerez elles diffuseront une odeur qui les fait fuir.

Mur en pierre à briquer

La façade de votre maison faisait votre fierté. Hélas ! les années ont passé et votre beau mur en pierre aurait besoin qu'on s'occupe de lui. Quelques conseils à adopter dès maintenant et votre façade provoquera, de nouveau, la jalousie du voisinage.

Commencez par bien nettoyer le mur. Première étape : passez un coup d'aspirateur pour éliminer la poussière. Ensuite, mélangez 4 cuillères à soupe de bicarbonate et un litre d'eau tiède. Imprégnez une brosse dure de cette mixture et frottez énergiquement votre mur avec. Si la crasse résiste, utilisez la manière forte en frottant le mur avec une brosse plongée dans 3 cuillères à soupe de cristaux de soude et 1 litre d'eau chaude.

Enfin, si vous souhaitez encore bichonner votre mur en pierre (c'est tout ce qu'on lui souhaite !), recouvrez-le de cire incolore. Une assurance risque contre les taches et l'usure.

Natte en paille docile

Vous êtes indécise : cette natte en paille de plage vous plaît beaucoup mais vous craignez qu'elle vieillisse mal... N'hésitez plus, notre recette est là pour vous faciliter la vie ! Munissez-vous d'une éponge que vous aurez préalablement imbibée de lait et frottez ! Le lait va nettoyer la paille, mais, aussi, la rendre plus souple et, donc, moins cassante. Rincez soigneusement avec un chiffon imprégné d'eau tiède.

Objet perdu

Catastrophe ! Vous avez perdu votre bague ! Voilà déjà quelque temps que vous aviez envisagé de la faire réajuster à votre taille mais vous avez repoussé à plus tard et, aujourd'hui, vous vous reprochez votre tendance à la procrastination... Faites-vous aider par un allié : votre aspirateur à tête chercheuse ! Utilisez un vieux collant ou bas de nylon et enfilez-le autour de l'embout de votre aspirateur. Actionnez : il y a de fortes chances pour que votre alliance finisse par venir se coller sur la brosse.

Ordinateur sauvegardé

Voir aussi Écran total (p. 97).

Chaque matin, vous avez un haut-le-cœur en vous installant devant votre ordinateur. Écran gras, clavier recouvert de miettes en tout genre, et désormais, lorsque vous tapotez, vous imaginez des microbes sautiller gaiement sous vos doigts… Charmant ! Il est temps de prendre soin de votre outil de travail et d'adopter les meilleures habitudes possibles en matière d'entretien.

Commencez par déposer un peu d'alcool à brûler sur un chiffon pour nettoyer les parties externes de votre ordinateur en veillant à ne jamais laisser s'infiltrer de liquide à l'intérieur, cela risquerait de l'endommager gravement.

Pour un nettoyage plus poussé, il est impératif de mettre la machine hors tension. Le dépoussiérage s'effectue facilement à l'aide d'un simple aspirateur. Il suffit de le passer sur les ouvertures d'aération pour se débarrasser des saletés et de la poussière qui s'incrustent dans les composants internes. Une fois par mois, débranchez votre clavier, retournez-le et tapotez-le doucement pour faire tomber les particules qui ne manquent pas de se loger entre les touches. Reposez-le dans le bon sens et nettoyez-le à l'aide d'un chiffon propre légèrement imbibé de vinaigre blanc. N'en mettez pas trop pour qu'il ne coule pas entre les touches ; mieux, utiliser un outil de précision comme un Coton-Tige.

Paillasson réhabilité

Ce matin, vous avez prêté attention pour la première fois à votre paillasson, cet objet délaissé que l'on piétine à longueur de journée... Un besoin soudain d'en prendre soin ? Rien de plus facile ! Mélangez 100 g de bicarbonate avec 20 gouttes d'huile essentielle d'eucalyptus. Versez cette préparation sur votre paillasson. Laissez agir une petite heure puis frottez énergiquement avec une brosse dure. Enfin, passez un coup d'aspirateur pour tout nettoyer.

Pare-brise lumineux

Plusieurs bestioles sont venues se coller pile poil sur votre pare-brise ! Quand les insectes nous brouillent le panorama, il est temps d'agir.

Coupez un citron en deux et frottez-en votre pare-brise : plus une trace, la route est à vous !

Parquet exemplaire

La première fois que vous avez visité votre appartement, vous avez eu un coup de cœur pour le parquet. Aujourd'hui, après plus d'une décennie, vous en êtes limite honteuse. Comme si son état actuel reflétait votre négligence... Il est temps de réagir et de bichonner ce parquet qui est l'âme de votre demeure. Dans une grande casserole, versez 3 cuillères à soupe de paraffine fondue au bain-marie, 1 litre d'eau et 10 gouttes de jus de citron. Humectez un chiffon et passez ce mélange sur le parquet. Laissez sécher puis polissez avec un tissu de laine.

Parquet grinçant

Un parquet qui grince, ça agace. Si vous le saupoudrez de talc (qui se logera dans les interstices du parquet) au niveau des parties bruyantes, vous devriez à nouveau entendre les mouches voler. Même effet apaisant si vous remplacez le talc par du bicarbonate, mais avec option désodorisante.

Peindre les fenêtres sans bavures

Maintenant que vous avez fait installer des doubles-vitrages, il va falloir s'attaquer à la peinture des fenêtres qui n'ont pas été épargnées pendant ces travaux. Mais comment procéder sans éclabousser vos vitres toutes nouvelles, toutes belles ? Avant de démarrer la peinture et de vous armer du pinceau, imbibez une éponge d'huile d'olive et enduisez les vitres avec. Une fois la peinture sèche, il vous suffira de passer un chiffon pour récupérer les coulures de peinture et d'huile.

Peluches et doudou protégés

Jojo, le lapin de votre fils, est une serpillière grise avec deux longues oreilles. Mais vous craignez que les innombrables voyages en machine que vous lui offrez ne fassent disparaître les yeux, les oreilles et l'âme tout entière du confident de votre petit garçon… Pour laver peluches et doudous en machine sans les abîmer, protégez-les en les installant dans une gigoteuse à nettoyer en même temps. Bouclier tout indiqué, la gigoteuse devient ainsi filet à linge !

Piano aqueux

Votre piano sonne bien, il est parfaitement accordé, mais il aurait grandement besoin d'un blanchissement des touches! Avec le temps, l'ivoire a jauni et votre instrument a pris un sacré coup de vieux. Mélangez le jus de ½ citron à 2 cuillères à soupe de sciure de bois, imprégnez-en chiffon propre et doux puis nettoyez délicatement chaque touche en veillant à ne surtout pas en répandre sur les côtés. Laissez sécher et frottez pour enlever toute trace rebelle, puis faites briller avec un chiffon de laine. Si vous n'avez pas de sciure de bois, vous pouvez la remplacer par du sel fin, ou le tout par de l'eau oxygénée. Dernier conseil : l'ivoire a besoin de lumière pour ne pas jaunir.

Pierres précieuses grisées

Bientôt votre anniversaire de mariage et l'occasion de porter votre bague préférée, celle en rubis que tout le monde vous envie... Mais comment lui rendre sa brillance et son éclat ? Émeraudes, saphirs et rubis, ces pierres dont on raffole, se nettoient facilement avec un chiffon doux imbibé d'alcool à 90°.

Pigeons volent

Si vous en avez assez des pigeons et de leurs fientes qui salissent vos bords de fenêtres, vous n'avez pas besoin d'être MacGyver pour remédier au problème : vous n'aurez qu'à tendre un fil de nylon 5 centimètres au-dessus de la barre de sécurité (vissez un crochet de chaque côté et accrochez-y le fil). Voyant l'instabilité de leur nouvel appui, les pigeons se résigneront. L'astuce fonctionne aussi, bien entendu, pour vos balcons ou vos terrasses.

Placards de cuisine protégés

Graisse, poussière... les dessus de vos placards de cuisine ne sont pas très reluisants. Tels des chewing-gums, ils collent! Après les avoir nettoyés avec beaucoup de patience et, surtout, un peu d'alcool à brûler sur un chiffon, protégez-les en y posant du papier journal (ou de l'essuie-tout). Lorsque le papier devient sale, on le retire, on nettoie le dessus du placard et puis, on recommence...

Plantes vertes bien nourries

Vous adorez les plantes, mais vous n'avez pas vraiment la main verte... Quelques conseils malins pour les aider à s'épanouir facilement.

Si vos plantes s'affaiblissent, versez 1 ou 2 cuillères à soupe d'huile d'olive dans la terre. Un traitement naturel qui, en plus de nourrir vos végétaux et de leur redonner des forces, constitue un antipucerons de choc!

Si vous souhaitez donner de l'éclat à vos plantes, un truc surprenant mais qui marche vraiment : nettoyez les feuilles avec un coton imbibé de bière puis laissez sécher. Eh oui, les plantes aiment la bière! Avec modération!

Plaques de cuisson

Vous avez beau faire, vos plaques de cuisson sont toujours graisseuses ou très joliment décorées de taches de sauce tomate. 1, 2, 3 action nettoyage! Versez un peu de bicarbonate sur la surface concernée, laissez poser 30 minutes puis frottez avec une éponge humide. Les taches récalcitrantes se sont envolées!

Plaques vitrocéramiques

Ultra-rapides à chauffer, mais aussi, il faut bien l'avouer, classes et design, vos toutes nouvelles, toutes belles plaques vitrocéramiques sont, aussi, très salissantes. Jamais nettes, il reste toujours une tache blanchâtre pour venir ternir le tableau.

Petite guide de survie. Commencez par un nettoyage général en passant un essuie-tout sur toute la surface de vos plaques. Puis déposez une noisette de savoir noir sur une éponge imbibée d'eau chaude. Frottez la partie à nettoyer et n'hésitez pas à vous aider d'une spatule pour en finir avec les taches rebelles.

Pour les faire briller, rien de tel que la pierre blanche ! Mélangez-en un peu avec 1 cuillère à soupe de bicarbonate dans de l'eau et passez cette mixture sur la plaque. Et voilà, tout brille !

Plats gras cherchent grattounette

Le dîner était très réussi, les convives ont semblé adorer votre gratin dauphinois… Vous êtes ravie. Un peu moins maintenant que la corvée de vaisselle a sonné et qu'il vous faut dégraisser le plat à gratin. Frottez-le énergiquement et efficacement avec du marc de café, les petits grains ont un effet abrasif très efficace. Ensuite, rincez-le et finissez de le nettoyer au liquide-vaisselle.

Pochoirs de fortune

Envie d'égayer la chambre de votre fils avec des pochoirs faits maison ? Prenez des feuilles plastifiées transparentes et découpez dedans des formes diverses : étoiles, fleurs, soleil, lune, etc. Appliquez la feuille évidée sur le mur et tamponnez avec une éponge légèrement imbibée de peinture. Vous pouvez nettoyer les feuilles (à l'eau ou au white-spirit suivant la peinture utilisée) et les réutiliser autant de fois que vous voulez.

Poignées de portes bonheur

Véritables nids à bactéries, les poignées de porte ont besoin d'être nettoyées régulièrement. Désinfectez-les avec un chiffon imbibé de vinaigre blanc le plus souvent possible.

Poils d'animaux traqués

Vous n'avez plus de recharge pour votre précieuse brosse adhésive exterminatrice de poils de chat ou de chien ? Alors fabriquez-en une ! Enroulez vos doigts de Scotch (bien sûr avec la partie collante à l'extérieur) et passez-les sur le tissu. C'est tout aussi efficace.

Pour s'attaquer cette fois aux poils incrustés, les techniques sont différentes. Vous pouvez d'abord vous munir de gants en caoutchouc et frotter le tissu visé en effectuant des petits cercles. Vous verrez que les poils formeront un tas et seront bien plus faciles à retirer. Sinon, vous pouvez également insérer une brosse dans un bas ou un collant. Il vous suffira de frotter pour retirer les poils résistants.

Pommeau de douche antigaspi

Ce matin encore, alors que vous preniez votre douche, vous vous êtes fait la réflexion : votre pommeau de douche est rempli de calcaire, le jet d'eau fonctionne moins bien qu'auparavant… Et puis, la journée passe et, comme à chaque fois, vous oubliez de vous occuper de votre pommeau. La solution est pourtant simple et archi-efficace. Pourquoi ne pas essayer dès ce soir ? Pour un détartrage réussi, faites tremper le pommeau de douche dans du vinaigre blanc toute la nuit.

Le pommeau est fixé au mur ? Remplissez un sac de congélation de vinaigre et fixez-le autour du pommeau avec un élastique ou de la ficelle de cuisine, par exemple. Même posologie : le trempage doit durer une nuit pour être efficace. À renouveler tous les 6 mois pour un bon entretien.

Porcelaine relookée

Pour faire plaisir à votre tante, vous avez décidé de ressortir le service en porcelaine dont elle vous avait fait cadeau lorsque vous aviez quitté le cocon familial. Depuis, vous avez dû vous en servir deux fois, grand maximum, de peur de le casser ! Mais si toutes les pièces sont intactes, de vilaines taches sont pourtant bien présentes pour gâcher votre surprise de nièce modèle…

Pour effacer les taches de café ou de thé sur de la porcelaine, frottez à l'éponge mouillée avec du bicarbonate de soude ou avec un mélange moitié sel moitié vinaigre blanc.

Pucerons remerciés

Les pucerons ont envahi vos rosiers ? Chassez-les tout en buvant un petit café ! Placez simplement sur la terre, à la base de la plante, quelques grains de café. Efficacité garantie.

Puces de plancher expulsées

Il y a de quoi s'arracher les cheveux face à l'inefficacité de certaines méthodes pour tuer et déloger les puces de plancher. Deux ont pourtant fait leurs preuves. La première est de passer sur votre plancher une machine nettoyante à vapeur, les puces étant tuées par l'eau chaude. La deuxième astuce, moins coûteuse et pourtant radicale, est de badigeonner votre parquet d'essence de térébenthine (pure ou diluée avec un peu de cire). Vous ne serez plus embêté pendant un bon moment, le produit agissant aussi sur les œufs. N'oubliez pas de bien aérer la pièce pendant et après l'opération.

Pulls éternels

Votre pull préféré, celui avec lequel vous avez « fait la guerre », c'est-à-dire celui qui vous a accompagné dans vos moments de solitude, vos chagrins d'amour mais, aussi, vos moments de grands bonheurs, c'est lui. Au fil des années, il s'est effiloché, il n'a plus toute sa forme et ses formes… Mais vous l'aimez. Et souhaitez le conserver le plus longtemps possible. Pull longévité, mode d'emploi (avec, pour chaque lainage, son entretien spécifique…).

... angora

Votre magnifique pull bleu angora sème ses poils dans la voiture, sur le pyjama et le cou de votre fils, et dans l'ensemble de votre penderie. Tout votre entourage, même votre fiston de 13 mois, vous supplie de vous en débarrasser. S.O.S. angora : enfermez soigneusement votre pull dans un sac plastique et placez-le 48 heures au réfrigérateur. Quand vous le sortirez, il sera débarrassé de ses poils (et tous vos proches aussi, par la même occasion !).

... bouloches

Même punition pour vos pulls boulochés : mettez-les au frais après leur avoir donné un petit coup de brosse à vêtements douce.

... en laine

Vous craignez d'agrandir ou de rétrécir, bref, de perdre la forme de votre pull en laine favori? Écoutez encore et toujours les grands-mères : lavez vos lainages au shampooing! Douceur et fidélité assurées.

Enfin, apprenez que quelques gouttes d'ammoniaque mélangées à la dernière eau de rinçage leur conserveront moelleux et souplesse.

... feutrés

Le pull en laine de votre amoureux a feutré? Pas de panique! Voici une petite astuce facile et efficace à tenter avant d'anticiper la rupture. Procurez-vous sans tarder un flacon de glycérine en pharmacie. Versez-en 2 cuillères à soupe dans une bassine d'eau froide, trempez-y votre pull pendant une vingtaine de minutes. Votre amoureux vous remerciera…

... rétrécis

Et voilà ! Ce que vous redoutiez tant est arrivé : votre pull noir a rétréci. Désormais, quand vous le portez, vous êtes excessivement moulée et les manches vous arrivent aux coudes. Pas vraiment seyant... Une solution ? Laissez tremper votre pull noir au moins 3 heures dans une bassine d'eau avec 2 bouchons d'après-shampooing. Puis, essorez-le délicatement et secouez-le afin qu'il retrouve sa taille initiale.

Réfrigérateur irréprochable

On a parfois tendance à l'oublier, mais pour éviter que des bactéries colonisent votre réfrigérateur, il est indispensable de le nettoyer au moins une fois par mois. Même chose d'ailleurs pour le congélateur *(voir Congélateur givré p. 87)*.

Pour ce faire, préparez une solution bicarbonatée (mélangez 1 volume de bicarbonate pour 10 volumes d'eau chaude), trempez une éponge et lavez le réfrigérateur. Terminez l'opération en rinçant légèrement avant d'essuyer le tout à l'aide d'un chiffon doux.

Si par malheur vous vous heurtez à de récalcitrantes taches incrustées, pas de panique, fabriquez cette fois une pâte de bicarbonate (1 volume d'eau pour 3 volumes de bicarbonate). Prélevez-en un peu avec une éponge puis frottez jusqu'à disparition. Pour terminer, même chose, rincez légèrement avant d'essuyer à l'aide d'un chiffon doux.

Repassage facile

Vous manquez d'entrain à la perspective de vous lancer dans la pile de chemises qui vous attend sur la table à repasser ? On vous comprend ! Et on vous glisse une astuce pour vous faciliter la tâche… Versez 30 cl d'eau dans un flacon-spray, ajoutez 1 cuillère à soupe d'adoucissant et mélangez bien. Vaporisez sur votre linge juste avant de le repasser.

Répulsif chats et chiens

Voir Chats domptés (p. 79) et Chiens soignés (p. 83).

Rideau de douche plombé

Le rideau de douche est l'un des endroits de prédilection pour les affreux champignons. Il n'est pas bien compliqué dc s'en débarrasser : prenez une éponge humide, ajoutez-y un peu de bicarbonate et frottez légèrement l'ensemble du rideau. Le rinçage se fera de préférence à l'eau tiède. N'oubliez pas d'essuyer votre rideau de douche.

On a tous déjà été confrontés à un rideau de douche qui, une fois humide, venait se coller à notre corps. Nous sommes d'accord que c'est désagréable. Alors, pour éviter que cela se reproduise, il vous suffit de coudre à l'extrémité du rideau de petits plombs avant d'y faire un ourlet.

Sac verni peau neuve

Un sac verni, c'est très joli, mais on y aperçoit souvent de multiples traces de doigts. Rassurez-vous, il est extrêmement simple de les retirer. Imprégnez un chiffon doux de lait de toilette et essuyez délicatement votre sac. Magique, les traces n'existent plus.

Séchage express

Vous allez apprécier ce petit conseil très simple à mettre en œuvre. Saviez-vous qu'il était possible de raccourcir le temps de séchage de votre sèche-linge ? Pour cela, vous n'avez qu'à y introduire une serviette éponge sèche. Ainsi, elle absorbera un maximum d'humidité.

Souris, mulots délogés

Les souris, c'est bien plus drôle et mignon dans les dessins animés que dans sa propre maison. Pour les faire fuir, rien de tel que quelques billes de naphtaline (couramment utilisées pour les mites) placées aux endroits qu'elles fréquentent, mais aussi dans les trous creusés.

N'oubliez pas de bien lire les indications sur la boîte de naphtaline.

Taches

Petit rappel S.O.S. taches :

- N'attendez pas pour ôter une tache. Plus tôt vous vous y prendrez, meilleur sera le résultat.
- Si possible, faites toujours un essai dans un coin peu visible (ourlet, coutures intérieures…) avant d'appliquer un produit détachant, aussi naturel soit-il.
- N'utilisez pas d'eau chaude, qui risque de cuire la tache et de la fixer.
- Quelle que soit la nature de la tache, placez toujours un chiffon blanc et propre sur l'envers du tissu à traiter.
- Avant de détacher, absorbez ou enlevez le surplus de la tache. Grattez doucement avec la lame d'un couteau si elle est solide, épongez avec un essuie-tout ou un mouchoir de papier si elle est liquide.

… d'autocollant

Mouillez de vinaigre blanc puis frottez avec un chiffon, la colle partira toute seule.

... de beurre

Massez la tache avec de la terre de Sommières. Laissez agir 30 minutes puis brossez.

Sur le coton ou la soie, on obtient aussi de très bons résultats en versant directement du jus de citron chauffé sur les zones tachées. Une fois le tissu bien imbibé, frottez, lavez, puis rincez. Radical !

... de bière

Mouillez rapidement et abondamment d'eau froide. Si la tache persiste, lavez à l'eau additionnée de savon de Marseille.

... de boue

Laissez sécher puis brossez énergiquement. Frottez ensuite avec un linge imbibé d'eau savonneuse additionnée de jus de citron. Prévoyez 1 cuillère à soupe de paillettes de savon de Marseille + 1 cuillère à soupe de jus de citron pour 50 cl d'eau. Frottez doucement. Rincez.

... de bougie sur un tissu

Enlevez l'essentiel de la tache avec la lame d'un couteau puis repassez le tissu en sandwich entre deux buvards. S'il reste une auréole, saupoudrez-la de terre de Sommières, laissez agir 30 minutes puis brossez.

... de brûlé sur un tissu blanc

Frottez la tache avec un linge propre imbibé d'eau oxygénée.

... de café

Lavez immédiatement à l'eau froide. Si la tache persiste, frottez avec un chiffon propre imbibé de vinaigre blanc puis rincez à l'eau froide.

... de cambouis

Frottez la tache avec un peu de beurre. Retirez l'excédent avec la lame d'un couteau. Il ne reste plus qu'à faire partir la tache de beurre *(voir Tache de beurre, p. 155)*.

... de chewing-gum

Frottez un glaçon sur le chewing-gum, le froid le durcira et il se décollera facilement. Nettoyez les traces avec un chiffon propre imbibé d'eau vinaigrée.

... de chocolat

Rincez à l'eau froide en grattant délicatement. Frottez la tache avec un chiffon propre imbibé d'alcool à brûler et rincez abondamment à l'eau froide.

... de cigarette

Frottez la brûlure avec un chiffon propre imbibé de bicarbonate.

... de cirage

Ôtez le maximum avec la lame d'un couteau puis massez la tache avec un peu de beurre et laissez agir 10 minutes. Tamponnez avec un papier absorbant puis saupoudrez la tache de gras de terre de Sommières. Laissez agir 30 minutes et brossez.

... de Coca-Cola

Tamponnez la tache avec un chiffon propre imbibé d'un mélange d'eau et d'alcool à 90° (moitié-moitié).

... de colle

Frottez la tache avec un disque de coton imbibé de dissolvant pour vernis à ongles.

... de confiture

Ôtez la confiture avec la lame d'un couteau puis frottez la tache avec un chiffon propre imbibé d'eau vinaigrée (moitié eau moitié vinaigre blanc).

... de déo

Frottez au savon de Marseille sec avant le lavage.

... de doigts

Sur les canapés, accoudoirs des fauteuils... frottez les taches avec un coton imbibé d'alcool à brûler.

Sur des murs clairs, frottez-les avec une rondelle de pomme de terre crue.

… d'eau sur le bois ciré

Avec un disque de coton, appliquez le mélange suivant : 1 pincée de gros sel et 2 cuillères à soupe d'huile d'olive. Faites pénétrer, laissez agir 5 minutes et ôtez le surplus.

Une autre solution, frottez la tache avec un bouchon de liège en petits mouvements circulaires puis cirez. Si le meuble est en bois foncé, flambez légèrement l'extrémité du bouchon.

… d'encre

Imbibez un disque de coton de jus de citron et appliquez-le sur la tache. Laissez-le en place 10 minutes puis rincez à l'eau froide.

Une autre solution : vaporisez de la laque à cheveux sur la tache puis frottez doucement avec un chiffon propre.

… de feutre

Absorbez immédiatement le maximum d'encre avec un papier essuie-tout puis tamponnez la tache avec un coton imprégné d'alcool à 90°. Changez le coton dès qu'il est sali pour ne pas étaler l'encre.

... de fluo

Plongez la partie du vêtement tachée dans du lait toute une nuit puis lavez en machine.

... de fond de teint

Frottez l'endroit taché avec un disque de coton imbibé d'alcool à 90° puis lavez comme à votre habitude.

... de fruits

Rincez à l'eau froide le plus vite possible puis frottez la tache avec un coton imbibé d'alcool à 90°. Certaines taches comme celles de mûres ou de cassis ne partiront qu'à l'eau de Javel (dans la mesure où le tissu peut supporter ce traitement).

... de goudron sur un tissu

Après avoir ôté le maximum avec la lame d'un couteau, enduisez la tache de beurre et frottez du bout du doigt. Retirez l'excédent de beurre au couteau puis saupoudrez de terre de Sommières. Laissez agir 10 minutes et brossez.

... de goudron sur la peau

Frottez la peau tachée avec une feuille de géranium.

... d'herbe

Déposez quelques gouttes de vinaigre blanc sur la tache puis tamponnez avec un coton. Laissez agir 10 minutes avant de passer en machine.

Autre solution : vous pouvez procéder de la même manière en remplaçant le vinaigre blanc par de l'alcool à 90°.

... d'humidité sur sol ou mur

Vous les ferez disparaître en les frottant avec une pâte composée de 30 g de savon de Marseille râpé, 15 g de sel fin et le jus de 1 citron.

... de lait

Tamponnez la tache avec un chiffon imbibé d'eau savonneuse.

... de mazout

Voir Goudron (p. 160).

... de mercurochrome

Frottez la tache avec un disque de coton imbibé d'alcool à 90°. Sur un tissu blanc, vous pouvez utiliser de l'eau oxygénée à 20 volumes.

... de moisissures

Frottez les taches avec une éponge humide trempée dans du bicarbonate de soude. Rincez le vêtement à l'eau légèrement vinaigrée (1 volume de vinaigre pour 10 volumes d'eau) avant de le laver en machine.

... d'œuf

Retirez le maximum à l'aide d'une lame de couteau puis trempez votre linge dans de l'eau froide additionnée du jus de 1 citron. Laissez agir 10 minutes et rincez.

... de peinture

À l'eau. Fraîche, elle s'enlève d'un simple coup d'éponge imbibée d'eau savonneuse. Une fois sèche, il faudra la gratter puis frotter avec un chiffon imprégné d'alcool à brûler.
À l'huile. Elle ne partira qu'avec du white-spirit.

Sur les mains. Versez quelques gouttes d'huile d'olive dans vos mains, frottez-les et rincez. En plus d'avoir chassé les taches, l'huile aura redonné de la douceur à vos mains.

... de rouge à lèvres

Frottez la tache avec un coton imbibé d'eau vinaigrée (moitié eau, moitié vinaigre blanc).

Le rouge à lèvres disparaîtra aussi avec du lait démaquillant, mais laissera une trace grasse. Saupoudrez cette dernière de terre de Sommières, laissez agir 10 minutes puis brossez.

... de rouille sur un tissu

Déposez une couche assez épaisse de bicarbonate de soude sur la tache et arrosez de jus de citron. Laissez cette pâte agir quelques heures, puis rincez et lavez votre vêtement comme d'habitude.

... de sang

Lavez la tache immédiatement à l'eau froide et elle disparaîtra.

Pour une tache plus ancienne, tamponnez-la avec un coton imbibé de vinaigre blanc pur ou, plus insolite, d'eau et d'aspirine effervescente (2 cachets dans ½ verre d'eau).

... de sueur

Tamponnez les traces de sueur avec un linge propre imbibé d'une eau citronnée (le jus de ½ citron dans 1 verre d'eau).

Si la transpiration a décoloré le tissu, ravivez-le en lui donnant un bain vinaigré (moitié eau moitié vinaigre blanc).

... de thé

Frottez les traces de tanin qui ornent votre théière ou vos tasses avec la chair de ½ citron puis avec la partie grattante de votre éponge. Rincez.

... d'urine

Voir aussi Matelas regonflé (p. 121).

Mélangez 3 volumes d'eau pour 1 volume de vinaigre blanc. Imbibez-en un gant de toilette propre et frottez la tache.

... de vin rouge

Lavez le plus vite possible à l'eau froide. Si la tache persiste, frottez-la au savon de Marseille sec avant de mettre le linge en machine.

Tapis

Voir Moquette et tapis (p. 129).

Taupes pas top

Il existe de nombreuses méthodes pour éliminer les taupes de son jardin. Mais si vous préférez les faire déguerpir pacifiquement, deux solutions s'offrent à vous.

Drôle mais efficace, allez placer des poils de chien dans les galeries creusées par ces petits mammifères malvoyants. Ils partiront sans rechigner.

À part les poils de chien, les taupes détestent l'huile d'olive. Dispersez-en quelques gouttes à différents endroits proches des galeries et vous ne serez plus embêté.

Théière fraîcheur

Il y a comme ça des objets ou de la vaisselle extrêmement difficiles à nettoyer, mais encore plus à sécher. C'est le cas de certaines théières qui, mal séchées, peuvent nous offrir une désagréable odeur de moisi. Alors, pour s'en débarrasser, il vous faudra remplir votre théière d'eau bouillante et y laisser infuser, toute une nuit, un citron coupé en plusieurs rondelles

Pour ceux qui n'utilisent que rarement leur théière, voir Cafetière fraîche (p. 70).

Thermos négligée

Avez-vous déjà eu la désagréable surprise, à l'instant où vous vous apprêtiez à partir pour un pique-nique, de découvrir une mauvaise odeur et quelques dépôts noirs dans votre Thermos à café ? Si tel est le cas, vous pouvez, en quelques minutes, nettoyer tout ça. Il faut respecter deux étapes : tout d'abord, déposez dans votre Thermos une bonne poignée de grains de riz, remplissez-la à moitié d'eau chaude et secouez fort. Dès que les traces noires ont disparu, vous pouvez la vider. Ensuite, remplissez la Thermos d'eau chaude, ajoutez 2 cuillères à soupe de bicarbonate et patientez une dizaine de minutes. Votre Thermos est désormais comme neuve.

Tiroir rebelle

Quoi de plus agaçant qu'un tiroir de commode ou de bureau qui couine ou qui se coince ? Pour y remédier, il suffit de frotter les parties latérales du tiroir à l'aide d'une bougie ou d'un savon sec. Fastoche !

Tissu qui déteint

Votre robe rouge risque-t-elle de teinter tout votre linge en vermillon ? Inutile de jouer à la roulette russe, misez plutôt sur la sécurité avec ce petit truc de vérification : placez votre robe en sandwich entre deux chiffons blancs et passez dessus le fer à repasser chaud. Si les chiffons restent immaculés, c'est que le tissu ne déteint pas.

Tomettes au net

Aussi jolies soient-elles, toutes les tomettes ont un problème : elles se tachent extrêmement facilement. Et il arrive de dilapider beaucoup d'énergie pour tenter de les nettoyer, sans forcément de grands résultats. Il existe pourtant un excellent détachant écologique, la terre de Sommières (voir p. 35) ! Saupoudrez-en les taches puis frottez avant de laisser agir 3 bonnes heures. Après avoir retiré la terre, lavez vos tomettes de manière classique : utilisez une brosse et un mélange composé de 1 cuillère à café de savon noir mou et de ½ litre d'eau chaude. La petite astuce en plus est de laisser sécher sans rincer. Cela permettra de protéger les tomettes.

Velcro mignon

On a tous passé de longues minutes à essayer de retirer toutes les petites cochonneries incrustées dans les bandes Velcro de nos blousons, chaussures et autres. Une technique très simple permet de nettoyer tout ça : il suffit de frotter avec une brosse à dents. Alors, bluffé ?

Velours toasté

Voir aussi Canapé et fauteuil en peau de pêche ou en velours (p. 73).

Qui l'eût cru ? Si une tache de graisse s'est formée sur du velours, vous n'aurez qu'à appliquer dessus des tranches de pain grillées encore chaudes !

Verres lustrés

Vos verres ou objets en verre ne sont plus très brillants ? Surtout, ne les jetez pas ! Pour leur redonner leur lustre d'antan, remplissez un évier d'eau chaude, ajoutez-y 2 verres de vinaigre blanc, ainsi qu'une pomme de terre crue et épluchée. Laissez tremper les verres 5 minutes, rincez-les à l'eau tiède puis essuyez-les avec un chiffon doux.

Verrines récup'

La verrine, c'est tendance ! Vous aussi avez envie de vous lancer, plus par gourmandise que pour suivre la mode. Un conseil pour vous régaler malin ? Gardez tous les pots de yaourts en verre, quel que soit leur format. De quoi vous constituer un ensemble de verrines sans dépenser un centime !

Vestes repêchées

Si votre col ou les poignets d'une de vos vestes sont salis, ne courez pas immédiatement au pressing. Notre Détachant Rénovmoquette (p. 47) peut également vous servir à les nettoyer ! Imbibez un chiffon propre du produit et frottez doucement le tissu sale. Renouvelez l'opération, en changeant de chiffon tant que votre veste n'est pas parfaitement propre.

Vitres invisibles

Il existe plusieurs méthodes pour nettoyer vos vitres, miroirs, porte de douche en verre ou autre pare-brise.

Le meilleur résultat sera probablement obtenu avec notre Produit à vitres Topbrille (voir p. 52). Il rendra vos fenêtres si transparentes qu'elles en deviendront invisibles.

Autre solution très efficace : l'eau citronnée. Pressez 2 citrons et mélangez le jus à 30 cl d'eau, idéalement dans un flacon-spray. Vaporisez le mélange sur vos vitres et frottez avec du papier journal roulé en boule. Le verre est rendu encore plus brillant par l'encre des journaux.

Vous serez également certainement satisfait par le savon noir. D'autant plus qu'il ne vous sera pas nécessaire de rincer vos vitres. Génial, non ? Mélangez simplement une noisette de ce savon noir à 1 litre d'eau chaude. Trempez-y une éponge propre pour frotter vos fenêtres avant de passer un coup de raclette. Enfin, essuyez toujours avec le miraculeux papier journal. Si le cœur vous en dit, n'hésitez pas à profiter de l'eau savonneuse pour refaire une beauté au montant des fenêtres.

WC cool

Aïe, les toilettes… Ce n'est pas forcément l'endroit le plus sympathique et entraînant à nettoyer. Pourtant, il faudrait idéalement entretenir vos WC chaque jour. Avec quelques astuces, la corvée sera moins gênante.

Quotidiennement, notre spray de Détartrant WC (voir p. 48) vous permettra de nettoyer la cuvette dans ses moindres recoins. Laissez-le agir une dizaine de minutes avant de frotter à l'aide d'une brosse.

Il est ensuite nécessaire de détartrer entièrement vos toilettes au moins une fois par semaine. Pour cela, répandez du bicarbonate le long des parois. Puis versez-en 2 verres dans la cuvette. Tirez la chasse d'eau au bout de 30 minutes et brossez.

Attaquez-vous ensuite à la désinfection et la blancheur des WC. Rien de bien compliqué : jetez seulement 1 pastille de Javel dans la cuvette. Attendez cette fois 10 minutes avant de tirer la chasse. Vous pouvez en profiter pour laisser dans la cuvette votre brosse nettoyante. Elle en ressortira d'une propreté parfaite.

Enfin, cette astuce qui ne concerne que les possesseurs de toilettes équipées de fosse septique. Si par hasard vous trouvez dans votre réfrigérateur quelques yaourts périmés, surtout ne les mettez pas à la poubelle. Versez-en le contenu dans la cuvette avant de tirer la chasse d'eau. Ils ont pour propriété de renouveler les bonnes bactéries de la fosse. Ainsi, elle sera assainie et les mauvaises odeurs auront disparu.

Zapette préservée

Vous n'en pouvez plus de retrouver la télécommande de votre télévision pleine de gras (notamment si elle se trouve dans la cuisine), au point qu'elle vous échappe des mains. Essayez cette méthode aussi bête qu'efficace : enveloppez-la d'un film étirable en prenant soin non seulement de ne pas écraser les touches, mais aussi d'effectuer le raccord sous le boîtier. Opération à renouveler autant de fois que cela vous semblera utile.

ANNEXE

Le ménage malin en 365 jours

Même dans l'effort, on ne vous lâche pas la main ! Voici votre programme ménage au jour le jour pour ne pas vous laisser envahir par la saleté. Avant de vous lancer, vérifiez vos produits d'entretien et groupez-les dans un panier, si possible à roulettes, pour les avoir toujours sous la main. Retroussez vos manches, mettez de la musique qui donne la pêche, et foncez !

Tous les jours

Dans chaque pièce

- ❑ Ouvrez les fenêtres en grand été comme hiver
- ❑ Rangez tout ce qui traîne

Dans la chambre

❑ Ouvrez le lit, secouez couettes et oreillers

❑ Faites le lit

Dans la salle de bains

❑ Étendez les serviettes mouillées et rincez les gants de toilette

❑ Essuyez les miroirs

❑ Nettoyez brosses, peignes et verre à dents

❑ Un petit coup de Nettoyant un-pour-tous (voir p. 51) sur lavabo, douche et baignoire

❑ Où en est la lessive ? Et le repassage ?

Dans les WC

❑ Vaporisez la cuvette de notre Détartrant WC (voir p. 48) et frottez la cuvette avec la brosse

❑ Pulvérisez du Désinfectant essentiel (voir p. 45) sur l'extérieur et l'abattant et passez un coup d'éponge

Dans la cuisine

❑ Lavez, essuyez et rangez la vaisselle

❑ Nettoyez les plans de travail, l'évier et les plaques de cuisson

Dans le bureau

❑ Nettoyez la table de travail

Une fois par semaine

Dans toutes les pièces

❑ Passez le chiffon à poussière sur les meubles
❑ Passez l'aspirateur ou la serpillière

Dans la chambre

❑ Changez les draps (après chaque lavage, rangez dans une taie d'oreiller le drap-housse et la housse de couette qui vont ensemble pour retrouver rapidement la parure)

Dans la salle de bains

❑ Changez le linge de toilette, lavez le tapis de bain
❑ Nettoyez à fond lavabo, douche et baignoire avec notre Crème à récurer universelle, alias Pâte magique (voir p. 43)
❑ Passez l'aspirateur et lavez le sol

Dans les WC

❑ Le soir, jetez une pastille d'eau de Javel dans la cuvette et laissez agir toute la nuit

Dans la cuisine

❑ Vérifiez tous les aliments du réfrigérateur, jetez ceux qui sont périmés
❑ Passez un coup d'éponge dans le frigo
❑ Lavez les torchons, les serpillières et les éponges

❑ Changez les serviettes de table
❑ Sortez et lavez la poubelle

Une fois par mois

Dans toutes les pièces

❑ Faites les vitres et les miroirs
❑ Nettoyez les poignées de portes
❑ Cirez les meubles en bois et les parquets
❑ Faites l'argenterie

Dans la chambre

❑ Passez l'aspirateur sur le matelas et retournez-le (la tête aux pieds)
❑ Déplacez le lit pour aspirer le sol
❑ Faites tourner les oreillers et les couvertures ¼ d'heure dans le sèche-linge, si vous en avez un, pour les aérer
❑ Lavez alèses, housses de matelas

Dans la salle de bains

❑ Lavez les peignes, brosses et accessoires de maquillage
❑ Changez les brosses à dents
❑ Nettoyez les étagères
❑ Faites un entretien préventif des canalisations
❑ Détartrez les robinets
❑ Lavez le rideau de douche

❑ Nettoyez et détartrez le pommeau de douche
❑ Lessivez le carrelage mural
❑ Nettoyez la vidange du lave-linge et du sèche-linge
❑ Détartrez le fer à repasser

Dans la cuisine

❑ Videz le réfrigérateur et le congélateur en entreposant les aliments dans une glacière ou des sacs isothermes. Ôtez tous les accessoires (clayettes, bac à légumes…) et faites-les tremper dans l'évier. Après les avoir dégivrés et débranchés, nettoyez les appareils à fond, sans oublier le joint de la porte. Rincez et essuyez.
❑ Passez l'aspirateur sur la surface arrière du réfrigérateur
❑ Nettoyez la hotte aspirante
❑ Lavez les portes de placards
❑ Faites un entretien préventif des canalisations
❑ Détartrez la cafetière et la bouilloire
❑ Secouez le grille-pain tête en bas pour éliminer les miettes
❑ Nettoyez les fils des appareils ménagers
❑ Aiguisez les couteaux

Dans le bureau

❑ Passez l'aspirateur à l'arrière de la tour de l'ordinateur
❑ Nettoyez le clavier et l'écran de l'ordinateur

- ❑ Nettoyez le téléphone
- ❑ Triez et classez les papiers

Une fois par an : grand ménage de printemps

Dans toutes les pièces

- ❑ Coupez le courant et nettoyez les lampes, abat-jour, interrupteurs et ampoules… (les lustres et abat-jour en verre dans le lave-vaisselle)
- ❑ Rassemblez les meubles au milieu de la pièce et nettoyez le plafond, les murs, les sols, les plinthes
- ❑ Nettoyez les fenêtres et les portes
- ❑ Nettoyez les bibelots et les radiateurs
- ❑ Nettoyez les rebords des fenêtres à l'intérieur et à l'extérieur
- ❑ Nettoyez les doubles-rideaux, les tapis, moquettes et coussins
- ❑ Videz les placards, faites le tri et nettoyez l'intérieur
- ❑ Passez l'aspirateur au plafond
- ❑ Nettoyez les volets

Dans la chambre

- ❑ Lavez (ou portez au pressing) alaises, housses de matelas, couettes, couvertures et dessus de lit

- ❑ Nettoyez les oreillers
- ❑ Rangez les couvertures et couettes d'hiver et sortez celles d'été
- ❑ Retournez le matelas (si le fabricant le conseille)
- ❑ Triez les vêtements et les chaussures : « À jeter », « À donner », « À réparer », « À garder », puis rangez la pile « À garder ».
- ❑ Lavez et rangez les vêtements d'hiver en plaçant des sachets de lavande dans l'armoire. Sortez les vêtements d'été
- ❑ Triez et nettoyez les jouets, les tapis de jeux et les peluches des enfants
- ❑ Nettoyez vos bijoux

Dans le salon

- ❑ Nettoyez les rideaux et les tapis
- ❑ Nettoyez les canapés et les fauteuils
- ❑ Nettoyez les cadres et les sous-verre
- ❑ Nettoyez les écrans (TV et ordinateur)
- ❑ Triez les magazines
- ❑ Sortez les livres de la bibliothèque, nettoyez les livres et les étagères de la bibliothèque
- ❑ Shampooinez la moquette
- ❑ Ramonez la cheminée

Dans la salle de bains

- ❑ Triez les produits d'hygiène et de beauté, jetez ceux qui sont périmés

❑ Triez les médicaments, jetez ceux qui sont périmés et notez ceux à racheter

Dans la cuisine

❑ Nettoyez les placards et les tiroirs (intérieur et extérieur sans oublier le dessus) et triez le contenu (y compris sous l'évier)
❑ Débranchez les appareils électroménagers et déplacez-les pour nettoyer derrière
❑ Changez les filtres de la hotte aspirante
❑ Faites réviser le chauffe-eau

Dans le bureau

❑ Jetez les papiers qui n'ont plus besoin d'être conservés.

Dans le jardin

❑ Sortez et nettoyez les meubles de jardin
❑ Vérifiez l'état des outils de jardin
❑ Remplacez le paillasson si nécessaire

Table des matières

Achevé d'imprimer par EDIPRO GROUPE
Dépôt légal : novembre 2011